Studying Humanities at PHBS

商学院的人文课

海闻 —— 主编

图书在版编目（CIP）数据

商学院的人文课 / 海闻主编. —北京：北京大学出版社，2023.3
ISBN 978-7-301-33538-3

Ⅰ. ①商… Ⅱ. ①海… Ⅲ. ①人文素质教育 Ⅳ. ①G40-012

中国版本图书馆CIP数据核字(2022)第197785号

书　　　名	商学院的人文课 SHANGXUEYUAN DE RENWENKE
著作责任者	海　闻　主编
责 任 编 辑	裴　蕾
标 准 书 号	ISBN 978-7-301-33538-3
出 版 发 行	北京大学出版社
地　　　址	北京市海淀区成府路205号　100871
网　　　址	http://www.pup.cn
电 子 信 箱	em@pup.cn
新 浪 微 博	@北京大学出版社　@北京大学出版社经管图书
电　　　话	邮购部010-62752015　发行部010-62750672　编辑部010-62750667
印 刷 者	涿州市星河印刷有限公司
经 销 者	新华书店
	720毫米×1020毫米　16开本　15.5印张　258千字 2023年3月第1版　2023年3月第1次印刷
定　　　价	65.00元

未经许可，不得以任何方式复制或抄袭本书之部分或全部内容。
版权所有，侵权必究
举报电话：010-62752024　电子信箱：fd@pup.pku.edu.cn
图书如有印装质量问题，请与出版部联系，电话：010-62756370

序
PREFACE

说起商学院课程，人们自然想到的是管理学、金融学、发展战略、市场营销、财务会计等帮助企业家提升经营管理和投资理财能力的课程。毫无疑问，这些课程是大多数商学院最基本的教学内容。教授们通过这些课程和生动的案例教学，培养学生从事商业活动、解决具体问题、发展壮大企业所需的知识和能力。这方面的课程，旨在培养学生的"能"。

但是，一个优秀的商学院，不仅要让学生知其然，还要让他们知其所以然，知道"怎么做"，更要知道"为什么要这样做"。为此，很多一流商学院会开设经济学、政治学、历史学、社会学、心理学等看起来不那么实用的纯理论课程，旨在开阔学生的眼界，加强学生的逻辑思辨能力，提升学生的"智"，即基本的职业能力背后的知识和智慧。

当然，一流商学院还要注重学生的"体"，让学生具有强健的体魄、拼搏的精神、协作的能力、不屈的意志。有了这样的体育，才能培养出北大老校长蔡元培所说的"完全人格"。

然而，一个肩负社会责任和承载历史使命的商学院，除以上所说的"能""智""体"外，更重要的是要强调"德"的培养。所谓"德"，就是要有道德修养、素质情操、社会责任。诚信、公正、荣誉、责任、理想、奉献，都是未来领袖和商界精英最重要的"德"的素质。

毫无疑问，经过40多年的改革开放，中国的经济发展取得了举世瞩目的成就。世界上已没有人怀疑中国的经济实力，也没有人怀疑中国商界精英们的知识和能力。然而，在人文素养、道德情操和责任奉献方面，中国商界精英仍然有很大的提升空间。

如果说经济是一个社会的血液，思想文化就是其灵魂。一个企业家如果没有精神追求就会流于平庸，一个商学院如果不重视德育和人文，就会行之不远，难成一流。

北京大学有非常宝贵的人文传统和氛围，培养的学生不仅需要具有深厚广博的知识、独立思考的能力，还需要具有批判与创新的精神，形成健全的人格和博大的人文情怀。正如蔡元培老校长近百年前曾指出的：教育是帮助被教育的人，给他能发展自己的能力，完成他的人格，于人类文化上尽一分子的责任；不是把被教育的人，造成一种特别器具，给抱有他种目的的人去应用的。

培养学生不但成为商界精英，而且成为引领国家发展的社会贤达和行为楷模，这是北京大学汇丰商学院创院以来不断思索、不懈努力和始终坚持的目标和使命。我们继承了北大忧国忧民、肩负社会责任的光荣传统，发挥北大优秀的人文精神，把塑造学生健康和卓越的人格作为首要任务。除商学院必需的教学外，我们还开设了一些看起来似乎不那么实用的课程，但实则这些课程是无用之大用，可以帮助学生拓展眼界、开阔心胸、增长智慧。此外，我们还经常举办一些高质量的人文社科高端学术讲座，这些讲座不仅服务于学院学生，还对社会开放，推动北大文化和智力资源与深圳城市文化的融合和发展。

由学院MBA项目办公室、经济金融网和"腾讯·大家"联合举办的"耦耕读书会"就是其中最多元、最具人文色彩的讲座系列。讲座主题涉及政治、经济、历史、哲学、社会、文学、摄影、建筑、考古等领域，邀请国内外知名学者、专家、作家、摄影家等与读者零距离对话，并引导读者主动读书，深入思考。本书汇集的就是这些讲座的部分精彩内容。本书的内容有以下几个特点。

思想为本。当今的时代呈现出知识碎片化和"快餐式"的趋势，"耦耕读书会"则提供思想碰撞的平台，倡导深度思考，引导读者看到波诡云谲的现象背后涌动的思想潮流。例如，中银证券首席经济学家徐高通过梳理经济思想史，发现历史上赫赫有名的经济学大师们的辩论话题实际上影响着我们今天所有人的生活。复旦大学经济学院教授韦森通过比较不同的货币制度，分析货币制度的差异如何影响了东西方社会的演化路径。经济学家盛洪通过中西对比，解释了自由主义的误区，以及何为"英式自由主义"等。这些思想都是对人类文明进程的深入解读，有助于商学院学生把握人类进步的方向。

角度新颖。朱熹曾说："为学须觉今是而昨非，日改月化，便是长进。"一些习以为常、以为自己了解的概念、知识，换个角度看，就会有新的收获。近代军事史学者、上海国盛（集团）公司副总裁姜鸣从地缘政治学的角度解读了"一带一路"倡议和中美战略博弈。北京理工大学教师刘晓蕾从生命的权利、精神追求等角度解读了《水浒传》《金瓶梅》等中国古典文学名著，令人耳目一新。

审美多元。美育可以塑造人性，蔡元培老校长甚至认为美育可以代替宗教。本书中，西安建筑科技大学教授、陕西省摄影家协会主席胡武功通过介绍当代纪实摄影的异化，指出大众审美的误区，认为"美"不是刺激眼球，不是一种物质存在，而是一种感受。清华大学建筑学院教授贾珺在讲解古代园林建筑时指出，古人通过叠山、理水、借景等手法，不光强调视觉，还借助听觉、触觉，达到文学中移觉手法的艺术和审美境界。旅日作家李长声讲解了茶道对日本审美的影响，指出中国美讲究对称、完整、和谐，日本则反其道而行，极力反人工，追求残缺美，形成其独特的审美——侘。

深入浅出。社会心理学上有个名词叫"知识的诅咒"（Curse of Knowledge），意思是一些人认为自己知道的别人也知道，因此写作或讲述时语言晦涩难懂且不加解释，让听众和读者不知所云，无法理解。本书中的作者则通过通俗易懂的文字、形象生动的语言让知识直达人心。例如，著名经济史学者、北京大学人文讲席教授李伯重讲中国商业和商人成长史，开篇先定义了"商"字，一路娓娓道来，思路清晰易懂；畅销书作家、历史研究者吴钩讲解宋朝的金融体系，用电影《无双》做比较，使读者轻松愉快，心领神会。

凡此种种，恕不一一列举。读者在阅读中自有体会。

"经济学家以及政治哲学家之思想,其力量之大,往往出乎常人意料。事实上统治世界者,就只是这些思想而已。许多实行家自以为不受任何学理之影响,却往往当了某个已故经济学家之奴隶。"其实,凯恩斯这句话中的深刻道理不只适用于经济学或政治哲学,在任何领域里,思想的力量都是最强大的。希望本书的出版,让更多的读者感受到北大汇丰人文讲座的魅力,掌握其中的思想,提升人文素养,陶冶道德情操。

展卷阅读,享受这场人文和思想之旅吧。

海 闻

北京大学汇丰商学院创院院长

二〇二二年十月

目 录
CONTENTS

商业之魂

第1章 从"末业"到"主业",从"末流"到"主流":中国商业与商人成长史
主讲人:经济史学者、北京大学人文讲席教授　李伯重　/ 003

第2章 宋:发达的金融体系
主讲人:畅销书作家、历史研究者　吴钩　/ 030

战略之道

第3章 从"西风东渐"到"一带一路":从地缘政治谈起
主讲人:近代军事史学者、上海国盛(集团)公司副总裁　姜鸣　/ 053

第4章 如何理解政策决策的艺术
主讲人:上海交通大学安泰经济与管理学院教授　何帆　/ 069

经济之源

第5章 从货币的起源看货币的本质及东西方社会的不同演化路径
主讲人:复旦大学经济学院教授　韦森　/ 081

第6章 决定中国经济的思想线索
主讲人:中银证券首席经济学家、研究总监　徐高　/ 100

第7章 金银本位与1929年世界经济大萧条
主讲人:台湾清华大学经济系荣誉退休教授,著名经济史、经济思想史专家　赖建诚　/ 125

历史之思

第 8 章　如何看待历史书？
主讲人：复旦大学教授、中央文史研究馆馆员　葛剑雄　/ 137

第 9 章　儒家传统与英式自由主义
主讲人：中国经济 50 人论坛成员、著名经济学家　盛洪　/ 147

文明之光

第 10 章　从茶道看日本
主讲人：旅日作家　李长声　/ 161

第 11 章　世纪之交的影像：我看纪实摄影
主讲人：西安建筑科技大学教授、博士生导师，陕西省文学艺术界
　　　　联合会副主席，陕西省摄影家协会主席　胡武功　/ 174

第 12 章　镜花水月映楼台：中国古典文学中的园林
主讲人：清华大学建筑学院教授、博士生导师　贾珺　/ 186

第 13 章　古典文学名著里，藏着我们所有的人生
主讲人：北京理工大学教师、专栏作家　刘晓蕾　/ 215

编后记　/ 237

商业之魂

第1章

从"末业"到"主业",从"末流"到"主流":中国商业与商人成长史

经济史学者、北京大学人文讲席教授
李伯重

中国的商业已经有2000多年的历史,大家要成为商界精英,不但要了解今天如何做生意,而且要了解商业从业者——商人——是怎样走到今天的。希望今天的演讲能够给大家一些帮助。

一、咬文嚼字:中国传统社会中的商业和商人

"商业"和"商人"的概念在古代和今天不完全一样。"商"字,最早的意思是"商,度也",来自《广雅》,"度"就是估计、计算、测量的意思。所以"商"自古以来就和计算分不开,这是商业和农业、工业的不同之处。计算、估量要有对象,商业一定要有一个买方一个卖方,双方商量才能达成协议,因此,"商"最后引申为经商、贩卖货物。

今天我们说的商人,就是英文中的 Merchant。依照《现代汉语词典》(第七版)的解释,商人是"贩卖商品从中获取利润的人"。在英文世界中,几部权威词典对 Merchant 的解释也与此大同小异。但根据著名经济史学家李埏先生的总结,在中国传统社会中,商人包括四种人:从事商品交换的人、既从事商品生产也从事商品交换的人、从事服务性行业致富的人、经营高利贷的

"子钱家"（高利贷者）。这四种人在古代都被称为商人，这与商人今天的定义差别较大。

中国古代对商人的认识，大概分为两类：一类是行商；另一类是坐贾。行商，通常是大商人，是带着货物到外地卖的人。行商因为要把一批货物从一个地方运送到另一个地方，所以通常规模较大。而坐贾是做小买卖的。

再来看商业，今天众所周知的商业，在古代并不叫商业。司马迁在《史记·货殖列传》中提到"货殖"。其中，"货"是指商品，"殖"是指增殖，即买卖商品一定要赚钱。"货殖"这个词今天不太常用，《现代汉语词典》（第七版）的解释为"古代指经商营利"。

> 故待农而食之，虞而出之，工而成之，商而通之。此宁有政教发征期会哉？人各任其能，竭其力以得所欲。故物，贱之征贵，贵之征贱，各劝其业，乐其事，若水之趋下，日夜无休时，不召而自来，不求而民出之。岂非道之所符，而自然之验邪？
>
> ——［西汉］司马迁《史记·货殖列传》

司马迁的《货殖列传》非常了不起。按照儒家思想，商业是"末业"，商人是地位低下的"末民"。但《货殖列传》却不仅为商人立传，还歌颂商人和商业。

此外，不仅商人的定义古今不同，而且中国古代的商人和欧洲古代的商人也有很大不同。在欧洲，16世纪以前，商人不是普通人，而是一种具有特殊身份的人。在欧洲中世纪社会里，商人属于非常低贱的阶层，因为按照基督教精神，教徒不能从其他教徒身上牟利。所以通常只有犹太人或者其他异教徒会从商。而在中国历史上的大部分时间里，商人是普通人，是"编户齐民"。而司马迁说他们是"布衣匹夫之人，不害于政，不妨百姓，取与以时，而息财富，智者有采焉"（《史记·货值列传》）。

二、从"末业"到"主业":中国传统社会中商业的发展

(一)传统社会商业的发展

鸦片战争之后,西方商业进入中国,改变了中国商人的经商方式。所以鸦片战争是一个分水岭,之前是传统社会。传统社会中商业是必须存在的,司马迁在《货殖列传》里介绍,一个社会必须有四种人:"待农而食之,虞而出之,工而成之,商而通之。"也就是说,必须有从事农业的人,人们才有饭吃;必须有从事"虞"——采集的人,即从事打猎、伐木等工作的人,将资源从山里、海里、湖里、河里开发出来;必须有"工",才能把这些东西加工成为用具;必须有"商",才能使这些东西流通。所以商业是传统社会缺一不可的四大行业之一。

司马迁还在《货殖列传》中引用《周书》的内容。

> 农不出则乏其食,工不出则乏其事,商不出则三宝绝,虞不出则财匮少,财匮少而山泽不辟矣。此四者民所衣食之原也。
> ——[西汉]司马迁《史记·货殖列传》

上面这段话的意思是,《周书》上讲:没有农业,大家就没有饭吃;没有工业,事情就做不成;没有商业,各种消费品就没有了;没有山泽开发(即"虞"),财富就少了;财富缺乏,山泽中的资源就不能开发了。这四种生产,是人们吃穿的来源。这四种行业都不可或缺,所以司马迁说它们是"民所衣食之原"。

中国古代有很多对商业发展历程的研究,商务印书馆出版的吴慧老先生著的《中国古代商业》[①],把中国历史上商业的发展分为几个阶段:萌芽于夏商周时期;春秋战国时期出现第一次飞跃;汉朝到唐朝出现发展的"马鞍形"

---

① 吴慧.中国古代商业[M].北京:商务印书馆,1998.

（一开始发展得很好，随后跌下来，后来又慢慢回升）；宋朝和元朝迎来新的发展阶段；在明清两朝衰落了。我个人不同意明清两朝商业衰落的说法，但这个描述框架，我们可以参考。

接下来我们谈谈什么是"末业"。"本末倒置"这个成语为人熟知，其中，"本"指的是主要的东西，"末"指的是最不重要的东西。中国传统社会中，人们认为商业最不重要，认为农业最重要。

《货殖列传》中也说商业是"末业"，穷人可以靠"末业"来生活。

> 夫用贫求富，农不如工，工不如商，刺绣文不如倚市门，此言末业，贫者之资也。
>
> ——［西汉］司马迁《史记·货殖列传》

上面这段话的意思是，如果要想由穷变富，当农民不如当工匠，当工匠不如当商人，刺绣再好也远不如去市场上卖货。所以说经商是穷人借以脱贫的重要途径。

魏晋南北朝时期，北朝一位学者颜之推在《颜氏家训·涉务》中写下了如下内容。

> 耕种之，茠鉏之，刈获之，载积之，打拂之，簸扬之，凡几涉手而入仓廪，安可轻农事而贵末业哉？
>
> ——［南北朝］颜之推《颜氏家训·涉务》

上面这段话的意思是，粮食要经过耕种、锄草、收割、储存、舂打、扬场等好几道工序，才能存进粮仓，怎么可以轻视农业而重视商业呢？

唐朝的政治家李翱在解释安史之乱之后唐朝之所以会衰落，原因之一是农民越来越穷困，从事商业的人越来越多。

> 由是豪家大商，皆多积钱以逐轻重，故农人日困，末业日增。
>
> ——［唐］李翱《疏改税法》

总之，古人重农抑商，把农业，而非商业视为主业。这个观点一直延续到清朝，雍正皇帝还倡导"农为天下本务，而工贾皆其末也""平日留心劝导，使民知本业之贵"。中国传统的主流思想——儒家的思想——把农业放在第一位，商业放在最后一位，认为不能本末倒置。

如果这种重农抑商的思想只是一些人的个人想法，那么还不太重要。但如果这种思想变成国家意志，变成政策、法律，后果就严重了。商鞅变法是中国最早系统地实施重农抑商政策的实践，其主要内容之一是阻止农民经商，对商人收税，大幅提高消费品税率。国家实行专卖制度，控制最能赚钱的行业，不准商人进行粮食贸易，提高粮食收购价格。总之，使商人无利可图。而实行严厉的抑商政策，其目的是重农，抑商只是手段。这个思想对20世纪的中国仍有影响，一直到改革开放前，中国的政策还可以看到重农抑商的影子。

早在春秋时期，五霸之首齐桓公所依赖的政治家管仲就提出要抑商；主持魏国变法的李悝主张实行国家专卖政策，目的也是重农抑商。商鞅只不过把传统的重农抑商政策变得更加完整，而且用空前的力度加以施行，使这个政策成为基本国策，这使他成为中国重农抑商的集大成者。

但中国并非自古以来就一直重农抑商。从宋代开始到明代，政策已经开始放宽。明代后期张居正改革时，就反对抑商的政策，提出"省征发，以厚农而资商；轻关市，以厚商而利农"的口号，以厚商代替抑商。到了清朝，抑商思想已不再占据重要位置。乾隆皇帝认为"大概市井之事，当听民间自为流通，一经官办，本求有益于民，而奉行未协，转多扞格"。也就是说，流通的事情要让老百姓做，国家不要管，否则就会对老百姓不利。所以明朝和清朝时政策已经有所改变。

（二）中国传统社会商业的主要组成部分

中国经济史学界的泰斗吴承明先生对中国的商业和贸易有精深的研究。根据他的归纳，近代以前中国的商业，主要存在于以下三种类型的贸易中。

1. 农村集市贸易

农村集市贸易通常被认为是低级形式的贸易，但这种集市贸易正是把千千万万农民卷入市场体系的最基本的渠道。在中国，农村集市贸易到唐朝后期才出现。在此之前，农村居民需要生活用品时，只能自给自足，在大家族内部解决。有了农村集市贸易，农民才能通过市场获得自己需要的东西，所以农村集市贸易的出现是一个重大进步。

法国年鉴学派大师费尔南·布罗代尔（Fernand Braudel）说：近代以前，在初级市场这个阶梯上，最完善的经济组织是中国。中国的农村集市贸易出现得比欧洲早，发展得也比欧洲更充分，这是非常重大的历史进步。

2. 城市市场贸易

中国的城市市场出现得比农村集市早得多，至少从周朝就有了。《木兰辞》中有这样的诗句："东市买骏马，西市买鞍鞯，南市买辔头，北市买长鞭"。一个城市里有几个特定的市场区，被称为市，大家在那里买卖东西。买者主要是贵族、官僚和住在城里的地主。他们的普通生活必需品基本上可以自给自足，因为他们在城外（有的甚至在城内，因为许多城市里有大片空地）都有田地和牧场生产粮食、蔬菜、肉类，家里有婢女为他们纺织普通布料。但是有一些手工业产品和高级消费品（如珍宝、丝绸以及茶叶等），他们的庄园和仆人生产不出来，就需要去购买。而出售商品的人，主要是外地来贩卖珍奇产品的商人和城市里的小手工业者。

吴承明先生说："城市市场上，主要不是生产者之间的商品交换，而是一种以政府和私人的货币收入为基础的交换，即贵族、官僚、士绅（以及他们的工匠、隶役、士兵、奴仆）用他们的收入来购买农民和手工业者的产品。而他们的收入，基本上不外乎是封建地租的转化形态，即农民的剩余产品。"[①]

这种买卖主要限于少数贵重消费品，消费者也主要是皇室、贵族和官僚，因此贸易的规模很有限，一个城市只要有几个市场就够了。

唐朝的首都长安（今西安）位于古代丝绸之路的东端，是当时世界上最

---

① 吴承明. 中国的现代化：市场与社会 [M]. 北京：生活·读书·新知三联书店，2001：113.

大的城市，内外三重城墙，周回八十余里，相当于今天西安城墙内面积的九倍多。据估计，城内人口在 80 万到 100 万人，而当时欧洲最大城市的人口才 15 万人。唐代长安不但人口多、面积大，而且是全世界迄今为止，建设得最规整的城市。当时的长安是在一片空地上建好之后，人们才搬进去住的，因此城市建得方方正正，道路宽阔笔直，纵横交错，南北 14 条大街和东西 11 条大街，把全城分割成棋盘状，形成 108 个坊（街区），坊区排列纵横有序，各个坊也都有围墙环绕。宫殿、官署，都被围在宫城和皇城的高墙之中。

在 108 个坊中，只有 4 个坊是市场区，即东市和西市，各占两坊之地，一切商业活动都规定在这两个市场区内进行。这两个市场区面积不大，四周还筑有市墙，俨然一座城中城。市场区四周的每面坊墙上各开两个门，有门吏管理，早晚随锣鼓声定时启闭。总之，当时长安城内的商业规模并不大。

宋朝时出现了重大变化。今天大家看到的城市里街道两旁到处有商店的情景，是宋朝才出现的。北宋都城开封没有承袭唐代长安的格局，很多官署与民宅、商业店铺、手工作坊分散杂处，开始了城市世俗化的过程。宫城东墙的东华门外，成为专门经营大内生意的市场；开封的中央大道（御街）两侧也店铺林立，成为繁华的商业街。宋徽宗时，汴京的界身巷已十分繁华。

> 南通一巷，谓之界身，并是金银彩帛交易之所，屋宇雄壮，门面广阔，望之森然。每一交易，动即千万，骇人闻见。
> ——［宋］孟元老《东京梦华录·东角楼街巷》

《水浒传》中有名的大相国寺，本是出家人清修的场所，这时也成为一个大市场。

> 中庭两庑可容万人，凡商旅交易，皆萃其中，四方趋京师以货物求售转售他物者，必由于此。
> ——［宋］王栐《燕翼诒谋录》

大家从《清明上河图》中也可以看到，开封城内到处是商店。

再看南宋首都临安（今杭州）。临安自融和坊北至市南坊，被称为"珠子市"，其买卖也"动以万数"。自五间楼北至官巷南御街，两边多是"上户金银钞引交易铺"（货币兑换、清偿机构），有100多家，门前堆叠被称为"看垛钱"的金银和现钱，以准备榷货务算清盐钞引。

与唐朝相比，宋朝的商业繁荣体现了城市商业的伟大进步，用日本著名汉学家斯波义信的话来说，就是引发了"城市商业革命"。

3. 区域市场贸易

中国城市市场出现得很早，农村集市出现得较晚，而区域市场出现得更晚。区域市场指的是跨越省界形成的交易圈。在宋代之前，虽然也有长途贩运，但只是将商品从这个点贩运到那个点而已。除了这两点之外，商路经过的地区与这种贸易没有太大关系。因此，中国古代虽然很早就有长途贩运，但并没有形成有辐射力的、稳定的、内部有密切联系的跨区域贸易。

直到宋代才出现区域市场。依照英国汉学家伊懋可（Mark Elvin）的说法，宋代出现了三个区域市场：以开封为中心的华北区域市场、以太湖南北两岸城市群为中心的南方区域市场、以成都平原为中心的四川盆地区域市场。这三个区域内部的经济依赖性较强，形成区域市场。

到了明清时期，区域市场有了极大的发展。依照美国学者施坚雅（William Skinner）的研究，清朝后期，中国形成了9个跨越省界的"经济巨区"，即东北、华北、西北、长江上游（四川等）、云贵、长江中游、长江下游、东南沿海（浙江、福建等）和岭南（广东、广西等）。每个"经济巨区"中都存在一个与该区域内各地有密切贸易联系的地区，也就是区域市场。今天的京津冀经济区、长江流域经济区等，便是延续这个历史形成的区域市场。

到了清朝中期，中国主要区域市场之间的联系已经变得很紧密，形成了一个覆盖中国主要经济区的全国市场。这个全国市场以水运系统为大动脉。清代中国内河航运的总里程增加了数倍，1840年前达到5万公里左右；沿海航运里程也有很大增加，在1840年前已约有1万公里。这个巨大的水运网覆盖了中国的大多数地区。在水运里程增加的同时，航运能力也提高了。到了

19世纪中期,中国水域中航行的船只总数超过20万艘,总运载量达400万—500万吨。这就意味着,在这个全国市场上,有巨量的商品在流动。

吴承明先生对长途贸易中的七大类主要商品(粮食、棉花、棉布、生丝、丝织品、盐、茶)的增加情况进行了估算:自明代后期到清代中期,粮食总量从不到1000万石[①]增加到3000万石,而棉布总量则从1500万—2000万匹[②]增加到4500万匹。长途贸易的丝和丝织品的总值从30万两[③]白银飙升到248万两白银。

鸦片战争前夕,以上述粮食、棉花、棉布、生丝、丝织品、盐、茶七大类商品为代表,长途贸易量大约占国内贸易量的20%。而依据我的研究,这个比重可能达到30%—40%。因此这个市场是19世纪中期全世界最大的国内市场。

(三)中国传统社会商业的经营内容

要了解商业经营活动,就要看在市场上流通的商品是什么,有什么变化。

在农村集市,买卖的主要是粮食、蔬菜等基本的日常生活必需品。比如,张三卖了3斗[④]米,李四买了5匹布。农村集市上的交易一般规模小,且交易的商品种类有限,买卖双方都是本地人。

宋代以前,城市市场上交易的商品,主要是奢侈品和一些工艺特殊的手工业产品,交易规模也有限。宋代之后,城市市场长途贩运来的商品越来越多,交易产品也不限于奢侈品和工艺品了。至于在区域市场和全国市场上交易的商品,更是以普通民生用品为主,奢侈品和工艺品所占的比重已经不大,而且这种比重还在不断下降。

在各类商业贸易的商品中,最值得注意的是大宗商品。在古代,由于交

---

① 容量单位,1石等于10斗。
② 长度单位,用于整卷的绸或布等(1匹等于50尺、100尺不等)。
③ 质量或重量单位,1两等于10钱,旧制16两等于1斤,1两合31.25克;后改为10两于1斤,1两合50克。
④ 容量单位,1斗等于10升。

通条件不佳，货物运输的成本很高，商品贩运非常受限。古代有"十里不贩樵（柴），百里不贩米"的说法。就是说，超过了一定的距离，运费就要超过商品本身的价值，贩运就不划算了。

当然，国家可以运用超经济的手段做事，比如通过漕运，把长江流域的米运到长安、开封或者北京，供这些城市的官僚、贵族和军队食用。但这是为了达到政治目的的国家行为，和商业无关。要进行真正的商业贸易，就要考虑成本和利润的问题。长途贩运要获利，必须有一定规模，形成规模经济，因此必须贩卖大宗商品。

中国古代的大宗商品种类不多。在汉代，有利可图的大宗商品只有两种——盐和铁。每个人每天都要吃盐，每个人工作都要使用铁器。但是受资源分布的限制，不是每个地方都能生产出来盐和铁。因此盐和铁的生产和贩运，很容易形成垄断行业，有大利可图。所以在汉朝初期，最有钱的商人都从事这两项买卖。盐铁是最能牟利的大生意，汉武帝也看到了这一点，于是把盐铁贸易收归国有。之后，盐铁贸易只有政府才能从事，普通人不能从事。

到了唐朝，盐的买卖仍然受国家管制，但铁已经不是管制产品了。唐朝出现了一个新的大宗商品——茶叶。喝茶会让人上瘾，很多人习惯每天喝茶；不仅如此，当时喝茶的习惯逐渐从社会上层传到下层，喝茶的人也越来越多，茶叶就逐渐变成一种大宗商品。唐朝政府发现了这一点，想控制茶的生产和买卖。唐德宗时出台了一个政策，要求将所有私营茶园的茶树都移到官办茶园里去。但是茶树移植后很难成活，政府赚不到钱，老百姓也很愤怒。只好将这个政策废除，而采用特许经营制度来控制茶叶贸易。也就是说，政府发放买卖茶叶的许可证（茶引），商人付钱购买到许可证，才可以从事茶叶买卖。由此茶叶变成了一种专卖商品。

到了宋代，由于宋代水上运输比唐代发达，而水运的成本比陆运低得多，所以除了盐、茶，粮食也成为大宗商品。不过宋代的粮食贸易还是较短距离的贸易，而且集中在长江下游地区。

明清时期，水运大大发展，形成覆盖中国大部分重要经济区的水运网。有了水运网，主要大宗商品的贸易得到空前发展。这些大宗商品的主要种类有盐、茶、粮食、布、丝绸、木材、金属等。明清时期大宗商品不仅种类越来越多,而且交易规模越来越大。清代中国的商业化已经达到很高的水平,其中长途贸易所占的比重也相当可观。

(四)中国传统社会中的外贸

历史学家库塔尔·纳拉扬·乔杜里(Kuntal Narayan Chaudhuri)的研究指出,19 世纪 30 年代,中国对东南亚和日本的帆船贸易的年贸易总额,达到 7000 万至 8000 万美元。而中国与英国(包括当时的印度)的贸易总额每年就达到 4300 万美元。英国与中国的贸易量占中国与西方国家贸易量的 80%。

中英贸易规模巨大,而英国又处于入超地位。英国 1830—1833 年每年向中国输出的商品中,毛纺织品价值 158 万两白银,金属品价值 11 万两白银,棉纺织品价值 31 万两白银,共约 200 万两白银。而中国向英国输出的商品,仅茶叶一项,价值就达到 561 万两白银。因此,双边贸易出现了巨大的不平衡。

当时中国珠江三角洲地区纺织业很发达,需要大量棉花,但珠江三角洲地区不适合种棉花。于是英国就把印度棉花输出到中国。但是即使这样,贸易逆差仍然很大。英国(连同印度)1830—1833 年向中国输出产品总值为 733 万两白银,而从中国输入产品总值为 995 万两白银,入超为 262 万两(1820—1824 年为 329 万两)白银。

英国只能用国际贸易中的硬通货——白银——来弥补贸易赤字。但英国的白银有限,难以弥补赤字,最后英国就用鸦片来赚取中国的白银,支付贸易逆差。随后清朝派林则徐禁鸦片,鸦片战争随之开始。

贡德·弗兰克(Gunder Frank)写了一本很有名的书,名为《白银资本》(*ReOrient*),他认为当时的中国不仅是世界上最大的经济体,而且也是最大的贸易国:"1800 年以前,中国在世界市场上具有异乎寻常的巨大和不断增长的技术、生产效率、竞争力和出口能力,这是世界其他地区都望尘莫及的。"[1]

从上面的粗线条描述中,我们可以看到,在鸦片战争以前的 2000 多年

---

[1] 弗兰克. 白银资本 [M]. 刘北成,译. 北京:中央编译出版社,2000.

中，中国的商业走过了曲折而艰难的演变历程。虽然曲折艰难，但是商业发展的潮流还是冲破了种种障碍，使得中国传统社会的商业从早先的"末业"，最终成为后来的"主业"。

三、从"末流"入"主流"：中国传统社会中商人的成长

中国传统社会重农抑商，崇本抑末，商业被视为末业。与此对应，在中国历史上，商人也被视为末流，商人的地位长期非常低下。

（一）"贱商"的传统

钱穆先生说：中国传统社会是由士、农、工、商组成的"四民社会"。所谓"四民"，就是士、农、工、商四种人。班固在《食货志》中对这四种人给出了解释。

> 学以居位曰士，辟土殖谷曰农，作巧成器曰工，通财鬻货曰商。
> ——［东汉］班固《汉书·食货志》

用今天的话来说，士是受过教育的人，居于首位；农是农民，位居第二；工是工匠，位居第三；第四才是商，居于末位。

早在周朝，就已有"四民"划分。《管子·小匡》说："士农工商四民者，国之石民也。不可使杂处，杂处则其言咙，其事乱。"这句话的意思是："四民"是构成社会的基石，但"四民"必须"分业定居"，各种人都有自己的地位，甚至不能住在一起。各种人的身份是世代相传的，"士之子恒为士""农之子恒为农""工子之恒为工""商之子恒为商"（见《国语·齐语》）。只有这样，社会才会井然有序。在秦始皇统一中国之前，情况大致就是这样。

在"四民"中，"商"的地位最低。这是因为在商朝，工商业均为王室、公室、官府所有。王室、公室、官府占有善技艺和善经商的奴隶，用以生产各种产品，并用这些产品到方国部落间去交易。西周代商，但"因于殷礼"，

工商业的状况大体未有改变。因为这一时期从事商业和手工业的人的社会地位都很低下（其中许多是奴隶和俘虏），人身依附于官府，由官府养活，所以被称为"工商食官"。先秦史学家王玉哲先生称西周手工业者为"工奴"，称呼商人为"商奴"，并说："工商皂隶，不知迁业"，即他们的工作和身份都是世袭的，没有自由。因此，工商业者地位卑贱，受到人们的鄙夷。

从春秋时期开始才有普通人从事商业。春秋战国时期中国被分为很多大大小小的国家，各自的人口和资源都有限，一个国家无法生产所有东西，所以需要跨国贸易。于是商人应运而生，开始做这种买卖。这一时期，因为各个国家要竞争，都需要吸引外国的东西进来，所以各国对商业的政策也都放宽了。于是出现了很多自由经商的商人，其中最有名的是孔子的学生子贡和越国大臣范蠡。

子贡的名字叫端木赐，孔子周游列国便是子贡资助的。范蠡在帮助越王勾践复国之后，看到勾践内心歹毒，感觉自己再待下去会有杀身之祸，于是化名为"鸱夷子皮"去经商。他经商非常成功，三成巨富，又三散家财。后来定居在定陶，自号陶朱公。范蠡辑录了老师计然关于经商的言论，参以自己的见解，写成一本书，名叫《计然书》（也叫《计然策》）。该书后来成为商人经商的宝典。过去商人家里往往会贴一副对联："陶朱事业，端木生涯"，表示对范蠡和子贡的尊崇。

在这个商业繁荣的时期，商人也分化为两种不同的群体：一种是良商、诚贾，另一种是佞商、贪贾。越到后期，第二种商人就越多，商人的形象就变得越坏。

秦汉开始采取重农抑商政策，打击商人。汉高帝下令"贾人不得衣丝乘车，重租税以困辱之"。汉惠帝和吕后时期，虽然放松了抑商的法律，但是商人的子孙还是不能做官（"复驰商贾之律，然市井之子孙亦不得仕宦为吏"）。到武帝，狂风暴雨般的打击忽然降临到商人头上：盐铁等大宗商品的生产收归官府；"算缗"（向商人征收的一种财产税）和"告缗（举报商人偷税漏税）令"的施行，使得"商贾中家以上大率破"。①

---

① 《史记·平准书》记载。

汉朝灭亡以后，这种观念和政策持续了下来。晋朝规定："非命士以上，不得乘车马于都城百里之内。金银锦绣，工商、皂隶、妇女不得服之，犯者弃市"[①]。"市侩卖者"必须在额头上贴着写有自己姓名的标志及"一足着白履，一足着黑履"。这些规定的意思是，首都50公里之内，不是官员的人（包括商人）都不能乘马；商人不能穿金戴银，不能穿丝绸，犯禁的就要"弃市"，即拉到菜市口砍头示众。在街上卖东西的商人，必须在额头上写上自己的姓名，而且还要一只脚穿白靴子，一只脚穿黑靴子，被迫向社会公示其低贱的身份。

唐朝建立后，政府严格规定"士农工商，四人各业……工商杂类，不得预于士伍"。不仅商人本人不得做官，即使是远房亲戚有经商的人，也没有做官的资格（"凡官人身及同居大功已上亲，自执工商，家专其业，及风疾、使酒，皆不得入仕"[②]）。此外，在衣着的质量、颜色、车乘和丧葬等方面，商人均受到歧视。商人常常被称为"贱类""下人"，与部曲、奴婢等贱民的地位相差无几。

宋朝对商人比较宽容，但是在政府对各阶层的服饰和交通工具的规定中，商人仍被排在"工"之后，被视为社会下层。商人乘轿也不能超过标准。宋初明令禁止商人参加考试，后有所松动，但也有明确限制。

> 凡命士应举，谓之锁厅试。所属先以名闻，得旨而后解。既集，什伍相保。不许有大逆人缌麻以上亲，及诸不孝、不悌、隐匿工商异类、僧道归俗之徒。
>
> ——《宋史·选举志》

这种"贱商"的观念，一直到明朝还可以看到。明太祖朱元璋规定商人只能穿最粗的丝织品，但农民却可以穿好的丝绸。但农民家只要有一个人做

[①] 《晋书·苻坚载记》记载。

[②] 《唐六典卷二吏部》记载。

商人，则全家都不准穿丝绸。到了正德元年（1506），还重申禁止商人和仆役、倡优、贱民等穿貂皮。

在世界历史上，"贱商"的现象并非只存在于中国。欧洲历史上商人的地位也很低下。早在希腊－罗马时代，柏拉图就批评商人说：一有机会赢利，他们就会设法牟取暴利。这就是各种商人和小贩名声不好、被城邦轻视的原因。① 亚里士多德也说：（商人）在交易中损害他人的财货以谋取自己的利益，这是不合自然而且应该受到指责的。② 西塞罗更加指责说：零售商和各类小商贩都是卑贱的、无耻的，因为他们"不编造一大堆彻头彻尾的谎话，就捞不到好处"③。

到了中世纪，商人受到主流社会的歧视，往往只有犹太人等被排除在主流社会之外的族群才会去做商人。这些人被挤到社会的边缘，如马克思所言，他们"只存在于古代世界的空隙中，就象伊壁鸠鲁的神只存在于世界的空隙中，或者犹太人只存在于波兰社会的缝隙中一样"④。欧洲中世纪多次出现迫害犹太人的运动，一直发展到纳粹对犹太人的种族灭绝。这些都与中世纪的"贱商"传统有关。

（二）"贱商"的原因

中国传统社会"贱商"的主要原因是受到当时主流意识形态的影响。中国传统社会的主流意识形态是儒家思想。儒家思想的一个基本点是关于"义利之辨"，也就是人们应当追求公义还是私利的问题。孔子本人不但很少说"利"（"孔子罕言利"），而且还说"君子喻于义，小人喻于利"。也就是说，讲究公义的人是君子，而讲究私利的人是小人。

孟子则比孔子更进一步，坚持一切行动以"义"为准绳。梁惠王向他

---

① 巫宝三.古典希腊、罗马经济思想资料选辑[M].厉以平，郭小凌，编译.北京：商务印书馆，1990：312.
② 柏拉图.理想国[M].郭斌和，张竹明，译.北京：商务印书馆，1986：62.
③ 亚里士多德.政治学[M].吴寿彭，译.北京：商务印书馆，1983：31.
④ 中共中央编译局.马克思恩格斯全集：第23卷[M].北京：人民出版社，1970：96.

请教怎样做对梁国（即魏国）有利，他回答说"王何必曰利，亦有仁义而已"。又说"苟为后义而先利，不夺不厌"。就是说，如果把仁义放后面，利益放前面，那问题就大了。所以在孔子、孟子的时代，儒家认为人不应求私利而不顾公义。后来，儒家进一步说："义利之说，乃儒者第一义"。荀子说："为事利，争货财，唯利之见，是贾盗之勇也"，明确把商人说成唯利是图的人了。

中国和西欧传统社会中对商人的这些看法对不对呢？某种方面来看，是对的。商人进行经营，一定要讲利，不讲利不能成为商人，古今中外都是如此。的确，作为职业特点，商人的本性就是求利。在追求利润的驱动下，商人常常唯利是图，不择手段地去追求发财。

在没有制度制约且自律性不强时，商人赚钱的本性就会表现为唯利是图。恩格斯说："商业就是一种合法的欺诈"[1]，说的就是这种情况。

中国古代商人的座右铭——《陶朱公商训》十二条，全是关于教人做生意的，没有一条教商人要诚信、要为社会做奉献。在商人具体的行为方面，唐朝诗人元稹写的《估客乐》（"估客"就是商人）中，对当时的商人进行了非常精彩的描写。

> 估客无住著，有利身则行。
> 出门求火伴，入户辞父兄。
> 父兄相教示，求利莫求名。
> 求名莫所避，求利无不营。
> 火伴相勒缚，卖假莫卖诚。
> 交关但交假，本生得失轻。
> 自兹相将去，誓死意不更。
> 一解市头语，便无邻里情。
> ……

---

[1] 中共中央编译局. 马克思恩格斯全集：第1卷[M]. 北京：人民出版社，1956.

> 求珠驾沧海，采玉上荆衡。
> 北买党项马，西擒吐蕃鹦。
> 炎州布火浣，蜀地锦织成。
> 越婢脂肉滑，奚僮眉眼明。
> ……
> ——［唐］元稹《估客乐》

《估客乐》的大意是，一个商人出发去外地做生意，向父兄告辞，父兄告诉他：你到哪里都不要顾什么老乡情分，这样你就可以放手大干了。你可以到湖南、湖北买珍珠和玉石，到西夏买好马，到西藏买鹦鹉，到东南亚买火浣布，到四川买织锦，到浙江买漂亮的女孩做丫鬟，到贵州、广西买少数民族的小孩做书童。由此可见，这些商人毫无道德约束，只要能赚钱，可以无所不为。

由于这些商人没有道德自律和法律约束，只求赚钱，所以难怪社会上大多数人对他们厌恶和痛恨。统治者也"顺应民意"，对他们采取歧视政策，贬低、羞辱他们。

（三）观念的改变

但是到明朝时，观念变了。明朝的大哲学家王阳明，对中国商人的形象改善有巨大的贡献。王阳明说："格物致良知"。他认为商人、田夫、市民、村夫都具有良知。"致良知"意思是使内心本有之良知得以"不为私欲遮隔，充拓得尽"。这样，人就可以为贤为圣。圣贤功夫从庙堂、书斋走向市井、村落。这就是他所谓的"满街都是圣人"的含义。

王阳明还提出"虽终日做买卖，不害其为圣为贤"。这种看法是前所未有的，打破了传统的"荣宦游而耻工贾"价值观，抬高了商人的地位，认为做商人也是光荣的。虽然明朝官方尊崇朱熹，但王阳明在民间的影响力比朱熹还大。当时，他的高足到商人最多的徽州举行各种讲座，曾掀起轩然大波。

王阳明重新阐释了古代的"四民"说,他认为"四民"只是职业不同,背后的道理并无不同,也就是"百姓日用即道",所以"四民异业而同道"。商人则积极响应他的这种看法,提出"士商异术而同志""以营商为第一生业""良贾何负闳儒"等说法。

王阳明的这种看法,不仅得到商人的认同,也得到一些士大夫的认同。

明代文学家李梦阳说:"夫商与士异术而同心,故善商者,处财货之场而修高明之行,是故虽利而不污"。商人和士人求生的方法不同,但是结果是一样的,好的商人在商场里可以修高明之行,所以,商人虽然图利,但却不肮脏。

明代思想家李贽在《焚书》中热情赞颂当时的商业之风,说:"圣人不能无势利之心",追求财与势是"秉赋之自然",并说商贾"挟数万之货,经风涛之险,受辱于关吏,忍诟于市易,辛勤万状,所挟者重,所得者末"。

明朝大学者归有光说:"古者四民异业,至于后世而士与农商常相混"。战国中期以后出现的士、农、工、商的传统职业构成的顺序,到了明代也发生了变化——"贾为厚利,儒为名高"。这意味着"商"已置于"农、工"之上,与"士"并列。

这一"新四民观"和"以营商为第一生业"的习俗,表现了徽商根据王阳明的学说,大大改变了战国以来商居末位的传统职业次序。

(四)商人地位的提高

到了明朝末年,大思想家黄宗羲提出"工商皆本"。这个理念不仅是他个人的,还是当时社会现实的反映。在这个时期,有的商人通过各种途径大批进入官僚队伍,很多人把子弟送去读书考科举,以及捐官。

著名学者方行先生提出了"三位一体"理论,即在清朝,地主、商人、高利贷者三种人逐渐合一了。这种"三位一体"成为一种很合理的理财方式。因为土地不会贬值,有钱的人可以用一部分资金购买土地,以作为一种保险,再用一部分资金投入商业和金融业,以获取更高的回报。把这三者结合起来,就是比较好的资产组合了。

这种"三位一体"可以使地租、商业利润、利息相互转化，把积累的财富投入最有利的渠道。通过把最稳妥和最高额的生息形式揉为一体，"三位一体"可以产生比较稳定的财富增加。这样一来，商人和地主之间的界限消失了。

由于商人地位的提高，做官的吸引力也有所减弱。明朝后期出现了所谓"宁占七尺柜台，不去衙门当差""生子有才可做商，不羡七品空堂皇"的说法。清朝山西巡抚刘于义说："山右积习，重利之念甚于重名。子第俊秀者多入贸易之途，其次宁为胥吏，至中材以下方便之读书应试，以故世风卑靡。"这表现了当时整个价值观念的颠倒。

（五）商人自身的变化

商人地位发生变化的同时，商人自身也在发生变化。俗话说："打铁还得自身硬"。如果商人自身的素质不提高，社会对他们的评价也就高不起来。这个道理，商人逐渐明白了。在明清时期，出现了一个商人自我提升的浪潮，也就是商人"儒化"的现象，出现了大量有关商人如何经商的教科书，即商书。

商书所涉内容十分丰富，不仅有水陆路程、商业条规、物价、生产、流通、市场、经营方法等经商必备的基本知识，而且还包括商业道德、行为准则、行为规范等方面的内容。这些商书有的还是商人自己动手编纂的。书中所述观点不仅反映了当时社会上人们对商业的普遍看法，也体现了商人自身的经营理念。

除了商书。还有很多通俗教材如《治铺格言》《治家格言》《为商十要》《贸学须知》《生意论》《劝号读本》《劝号谱》等。这些教材内容多是关于商人经商的体会，这些教材通常没有具体作者，而是经过长时间的不断修改而成的。这些书中的许多内容采用歌谣形式，每句四、五、六、七字不等，大多是押韵的，内容也很丰富，适合文化水平不高的商人使用。

在这些经商教科书中，伦理道德教育被放在非常重要的地位。明代天启年间徽商程春宇编撰的《士商类要》第四卷中，就有人伦三教、起居格言、省心法言、养心穷理、居官莅政等近三十小节内容，阐述"立身持己""和睦宗族""孝顺父母""敬兄爱弟""君子知恩""勤劝读书"等事理。通过这种教育，居于主流意识形态的儒家思想深入商人内心。儒家伦理以义为重、利为轻，反对见利忘义。这一传统的"义利观"对明清时期的商人产生了深刻影响，并在这些商书中鲜明地体现出来。

商书在利与义的关系问题上，对商人的要求便是重信义、守然诺；强调君子之财，取之有道。在《士商类要》《客商一览醒迷》《商贾便览》《生意世事初阶》《杂货便览》等有名的商书中，都把这些训诫放在重要位置。例如《商贾便览·工商切要》开篇就强调，"习商贾者，其仁、义、礼、智、信，皆当教之焉，则及成自然生财有道矣。苟不教焉，而又纵之其性，必改其心，则不可问矣。虽能生财，断无从道而来，君子不足尚也。"中国传统伦理中提倡"诚者，天之道也；诚之者，人之道也"（《礼记·中庸》），这种"信用为本"的诚信观尤其受到重视。商书反复强调在商业运作过程中，不仅要公平交易、光明正大，而且要诚实无欺、重恩守信。

在商业的行为方面，商书反复告诫商人要诚信无欺、心底敦厚、以义行商，"盖慈善存心端正，动履庄严，所作所为，不由岐险，是以多获平坦福也"。否则，必将"陷于不道"而遭报应。通俗教材也如此，谆谆教诲读者做好人。《劝号谱》说："未从贸易求财，先要预备好人。要想聘请好人，总得仁义之东。自果身端得正，才能招聚好人。门内先有君子，门外君子才临。无论什么生意，若非好人不成。"

这种商人的自我提升，逐渐成为商人的信条。中国最早的银行是山西商人创立的日升昌票号。日升昌对员工最重要的要求，是要"诚"而绝不要奸："一日耍奸，可以欺市；二日耍奸，可以愚民；没有哪一家商号，可以数年、数十年靠耍奸混迹于世。"在这种信条的熏染下，清代中国最成功的商帮晋商就以"诚"闻名于世。所以晚清名人郭嵩焘说："中国商人夙称山陕，山陕人智术不能望江浙，推算不能及江西、湖广，而世守商贾之业，惟其心实而已。"

为树立一个诚信的偶像，山西商人捧出了关羽。商人从前最为人诟病的就是不顾信誉，现在晋商尊崇关羽，就是希望以他为榜样，弘扬诚信和信誉。

除了要追求忠、信、诚、实，商人也体会到：不能只是一味地追求私利，还应当追求公义，为社会奉献。商人要提升自己，就必须有这种精神。而明清商人也意识到了这一点，所以《警世歌》里说："强争田地强争山，岂在些微尺寸间。有志广营天下业，无能衣寝不曾完。"也就是说，要以天下为己任，不要只图个人私利。

这种新的认识不仅使商人们改变了观念，也让商人们付诸行动。明朝嘉靖三十三年（1554），倭寇入侵江浙，在那里的山陕盐商行动起来，挑选出500名骁勇善战的商兵协助防守扬州。隆庆元年（1567），倭寇进犯江苏松江，山陕商人也"协力御之"。清朝康熙年间，开展了平定准噶尔部的长期战争。山西商人范毓宾自费办售军粮，"力任挽输，辗转沙漠万里，不劳官吏，不扰闾阎"，或受敌袭，或中途变更运粮计划，几度蒙受重大损失，都由他个人承担下来，所运军粮都是"克期必至"，节约国费以亿两计。光绪三十一年（1905），山西人民发动争回矿权运动，开办成立山西保晋矿务有限公司，历经3年，从英国商人手中收回山西矿权。在此期间，晋商、票号纷纷解囊，旬日即为这个公司筹集了150万两白银。

过去许多人有一种误解，认为在鸦片战争中，广州那些做外贸的行商，都是勾结洋人、不为中国人民抗英斗争效力的人。这种看法是错误的，因为行商为抗英出了很大的力。仅仅是行商潘仕成于道光二十至二十一年（1840—1841）间，就捐资仿造西洋二桅战船4艘。每艘可容300人、安炮40尊并分列子母炮数十门。每艘战船造价19000两白银，4艘就近8万两白银。

此外，行商也为提高地方社会福利大量捐资。他们所捐的资金，主要用于治水事业或救济贫民，以及为皇帝或高官准备礼物。在十三行中，怡和行一家，捐献额数据推算就达到369万两白银以上，在所有行商中是向官府捐献最多的一家。在伍秉鉴主持怡和行时期，怡和行约向官府捐献358万两白银以上，占全体行商捐献额数的30%。在那个大小官吏贪墨成风的时代，商人却拿出私财做公益事业，帮助国家抵御外敌入侵，其精神境界当然和那些"饱读诗书"的贪官污吏不可同日而语。

由于商人的自我提升，许多商人变成所谓的儒商。他们和前文引用过的元稹《估客乐》诗里所描写的那种只要有利什么都敢干的商人已有非常大的差别。最大的差别是他们遵守社会基本价值观念，尊重主流伦理道德，不取不义之财。这个变化使得他们逐渐融入社会主流，从"末流"进入了"主流"。

（六）商人的发展：从特权商人到普通商人

商人进入"主流"，还有另外一层的意思，即少数依赖特权经商的商人，转变为不依赖特权经商的商人。依赖特权的商人，即使有钱，也不会被社会大众视为和自己一样的人，反而成为被仇视的对象。大众是社会的主流，被社会大众视为另类，甚至被仇视，当然也就进入不了主流。

在汉武帝开展打击商人运动之后的几百年中，中国几乎没有什么叫得出名字的大商人。极少数有姓名留下的富有商人，大多数是来华的外国人或者是来自边疆地区的民族。

到了唐朝，出现了有名有姓的大商人。唐太宗贞观年间，河东人裴明礼，"善于理生，收人间所弃物，积而鬻之，以此家产巨万"。唐玄宗曾说："朕天下之贵，（王）元宝天下之富"。意思是我是天下地位最尊贵的人，但是有一个叫王元宝的人才是最富有的人。从有限的史料可知，王元宝原名王二狗，是长安城里的一个小贩，有时也外出到山东临淄一带贩丝，后来靠贩运琉璃发家，成为巨富。

但是从其他文献可以看到，唐朝大商人大多是官僚或者与政府关系密切的人，以及享有特权的僧侣。例如唐代宗时，陈少游在任淮南节度使的十余年间，曾"征求货易，且无虚日，敛积财宝，累巨万亿"（《太平广记·诡诈一》）。家住长安光德坊的潘将军也"常乘舟射利"（《太平广记·豪侠四》）。唐代部分僧侣从事着巨额买卖。唐玄宗时，长安平康坊菩提寺"有一僧尝赞佛，施鞍一具，卖之，价直七万"（《太平广记·宝四》）。另外，长安至相寺有一僧人得到一颗宝珠，卖予胡商，得价百万。当时最赚钱的生意是贩盐。白居易说："自关已东，上农大贾，易其资产，入为盐商"（《策林·议盐法之弊·论盐商之幸》）。而盐的买卖需要得到政府的特许，因此和政府没有特殊关系的人，就无法进入这一行。

唐代商业活动中，珠宝香料等贵重消费品贸易是最能赚大钱的生意。这个生意主要控制在外来商人手里。这些外来商人,唐朝人称他们为胡商、商胡、胡客。他们人数众多,财力雄厚。唐朝末年军阀田神功攻破扬州,纵兵大掠,胡商被杀者数千人。可见外国商人在中国势力非常之大。这些胡商主要是讲波斯语的粟特人。

到了宋朝,由于商业繁荣,出现了一些大商人。北宋首都汴京富商云集,宋真宗时,汴京"资产百万者至多,十万而上比比皆是"(《续资治通鉴长编》)。也就是说家产达十万贯①铜钱以上的比比皆是,资产百万者已不足为鲜。宣和末年(1125),有一"巨商"一次施舍给泗州普照塔装饰之金就达3万贯。

南宋时,富商裴氏委托另一商人申师孟贩卖货物,第一次付给本钱10万贯,第二次又增加了30万贯。徽州大商祝氏,"其邸肆生业,几有郡城之半",号称"半州祝家"(《外大父祝公遗事》)。临安"珠子吴员外","以蠙珠为业,累赀数百万"(《四朝闻见录》)。

此外,海商(从事海外贸易的商人)也开始成长起来了。北宋人李昭玘说:"某闻万金之贾,陆驾大车,川浮巨舶,南穷瓯越,北极胡漠,龙皮、象齿、文犀、紫贝、夜光之珠、照乘之玉,一旦得之,则深居大第,拱手待价"(《乐静集》)。由此可见富商大贾到天南海北采购货物,其中一部分就是海商。

宋代海商人数之多,超过以前历代。到高丽去的海商,几乎年年不断,有时同一时期有好几批、数百人到达高丽。宋朝海商运销海外的货物,以瓷器、米、麦、漆器、丝织品、凉伞、草席、铁、铝、锡、酒、糖、金、银、铜钱、中草药、建本书籍等为大宗。很多海商留居外国,如高丽国京城"有华人数百,多闽人因贾舶至者,密试其所能,诱以禄仕"(《宋史·外国三·高丽》)。南宋时留居印度、斯里兰卡的华侨很多。这些人大多是搭载海商的船只前去的,或者本人就是海商而在那里定居的。

不过,在宋代,最大的海商是"蕃客",即外国来华商人。这些商人来自南亚、西亚、东欧,甚至非洲的层拔国(津巴布韦)。在南宋时的泉州,"胡

---

① 旧时的制钱,用绳子穿上,每1000个为1贯。

贾航海踵至，富者资累巨万，列居郡城南"（《泉州府志》）。这些"蕃客"中最有名的是蒲寿庚家族。该家族在宋末垄断泉州香料海外贸易近30年，"以善贾往来海上，致产巨万，家僮数千"。蒲寿庚拥有大量海舶，1973年，在后渚港发掘出一艘南宋远洋货船，载重量达200多吨；船上香料遗存丰富，有降真香、檀香、沉香、乳香、龙涎香、胡椒等。一些学者认为，这艘海船可能是蒲氏家族的香料船，与蒲香业有密切的联系。

元朝政府实行种族歧视，把中国居民分为四等：最高一等是蒙古人；其次是色目人，包括中亚人、西亚人、欧洲人等；至于中国本土的居民，在金朝统治下的被称为汉人，是第三等人；而在南宋统治下的被称为南人的，是第四等人。

元代的商人，也依其地位，享有不同的权利。蒙古贵族、大小官吏、色目商人和寺院僧侣是经营商业的特权阶层，也是元代社会拥有巨额财富的大商人。元朝宰相桑哥积极从事贸易，家中积累的资财，仅珠宝一项便达到当时朝廷内藏的一半。

这些"蕃客"与元朝政府关系密切。元军攻打南宋，泉州"蕃客"首领蒲寿庚献城降元，被元政府授予金符，执掌泉州市舶大权，并被提为福建行省中书左丞（相当于副省长）。

特权商人倚仗政治上的权势，凭借雄厚的经济实力，排挤民间商人，豪夺民利。而汉族普通商人在元代受到严重压制，难以发展，因此不断进行抗争。

到了明清时期，情况发生巨变。这时中国本土商人兴起，而外国商人几乎消失了。中国本土商人发展起来后，形成著名的十大商帮，即徽商、（江苏）洞庭商、宁波商、（浙江）龙游商、江右（江西）商、晋商、陕西商、山东商、福建商、广东商（广府帮、潮州帮）。其中最著名的是徽商（徽州商人）和晋商（山西商人）。这些商帮成为中国商人的主力，他们的生意，不但遍及中国各地和东亚、东南亚，而且远及欧美，成为世界商业中一股不可忽视的力量。

明清的商人，尽管有些与官府有着千丝万缕的联系，但基本上是民间商人，不是特权商人。他们发财致富，主要依靠自己的经营，而不像特权商人那样依赖特权。商人也不再遭到其他社会群体（特别是农民群体）的敌视，从而真正融入了主流社会。

融入主流社会，对于长期被视为"末民"的商人来说是一个天翻地覆的变化。这个变化使明清商人能够更加茁壮地成长，经济实力出现巨大的增长。在明朝万历时，徽商和晋商已经出现了史无前例的巨富。徽州商人"藏镪有至百万者，其他二三十万，则中贾耳"（《五杂组》）。其中州歙县的"盐筴祭酒而甲天下者，初则黄氏，后则汪氏、吴氏相递而起，皆由数十万以达百万者"（《歙志》）。也就是说，徽州的大商人，一家存储的银子多的达到百万两，有二三十万两的只是中等商人。山西商人比徽州商人还要富有，他们主要做贩盐生意，家产都是数十万到数百万两级的。

明朝最大的商人已拥有百万两级的巨资，而1602年荷兰东印度公司最大的股东以撒·勒·梅尔（Isaac Le Maire）的资本为8100英镑，只相当于大约12万两白银。当时荷兰东印度公司是西方世界最富有的公司，其最大股东的资产却还不及明朝一个中等商人的财富。

与明朝的商人相比，清朝商人的财富更加惊人。清代山西巨商亢氏号称拥有数千万两白银。清代大商人的资本最高已达到数千万两白银的水平。而清朝的财政收入，在鸦片战争前，一年也不过4000多万两白银。可见清朝中国商人已经成长为强大的社会力量。

以上可见，在鸦片战争之前的2000多年中，中国商人一步步地成长，从位于社会底层的"末民"群体，最终进入社会主流。这个成长过程，不仅是中国商业发展的结果，而且和中国商人的成熟、社会对商人的接纳与认同密不可分。

中国商人走过的漫长而曲折的经历，是一份非常珍贵的遗产。为什么华人会在很多国家和地区取得成功？是因为他们出国之前，已经从中国商人长期积累的经验中学到了经商必需的知识和技能。而那些没有经过这样的历史过程的人们，就没有相关的知识和技能，所以在经商方面无法和华人竞争。由此可见，中国商人的历史留给我们的是一份非常宝贵的遗产。只有把这份遗产好好地继承下来，才能比其他国家的商人更强。

（七）义利之辨

最后，我想从今天的角度出发，说说义利之辨。想发财、想牟利，在过去被视为一种非常坏的自私的欲念，必须克服。但实际上，怕穷求富是人的正常心态。司马迁说："富者，人之情性，所不学而俱欲者也"；"天下熙熙，皆为利来，天下攘攘，皆为利往。夫千乘之王，万家之侯，百室之君，尚犹患贫，而况匹夫编户之民乎！"（《史记·货殖列传》）连王公贵族都怕穷，何况普通老百姓！今天，求富已不再是一种罪过，但是我们也要强调求富一定要用正确的方法，要有道德指引。

恩格斯说："文明时代以这种基本制度完成了古代氏族社会完全做不到的事情。但是，它是用激起人们最卑劣的冲动和情欲，并且以损害人们的其他一切秉赋为代价而使之变本加厉的办法来完成这些事情的。鄙俗的贪欲是文明时代从它存在的第一日起直至今日的起推动作用的灵魂；财富，财富，第三还是财富，不是社会的财富，而是这个微不足道的单个的个人的财富，这就是文明时代唯一的、具有决定意义的目的。"[①]

求富是出于个人私欲，过去把个人私欲视为一种恶，一种原罪。但是马克思却不这样认为。他在《政治经济学批判（1861—1893年手稿）》中引用哲学家、政治经济学家伯纳德·曼德维尔（Bernard Mandeville）的《蜜蜂的寓言》说："我们在这个世界上称之为恶的东西，不论道德上的恶，还是身体上的恶，都是使我们成为社会生物的伟大原则，是毫无例外的一切职业和事业的牢固基础、生命力和支柱；我们应该在这里寻找一切艺术和科学的真正源泉；一旦不再有恶，社会即使不完全毁灭，也一定要衰落。"[②]

所以，我们不能把求富当作必须铲除的恶，而是应该正确引导，使人们在追求发财的同时，也对社会做出贡献。只有这样，社会才能健康发展，个人也才有更好的前途。

---

① 中共中央编译局.马克思恩格斯文集：第4卷[M].北京：人民出版社，2009.
② 中共中央编译局.马克思恩格斯全集：第32卷[M].北京：人民出版社，1998.

常言说：商场即战场。司马迁早就说："富无经业，则货无常主；能者辐凑，不肖者瓦解。"（《史记·货殖列传》）意思是致富不限于某种固定行业，而财富也不会总被某些人独占。有能力的人，财富就像车轮的辐条集中于车轴一样，会很快地聚集；而没有才能的人，财富就像瓦片碎裂一样，会迅速散失。我认为他说的能力也包括为人处世的原则。正如《劝号谱》中所言，说做生意要"先求好人""但能得其好人，就是发财根本""未从贸易求财，先要预备好人。要想聘请好人，总得仁义之东。自果身端得正，才能招聚好人。门内先有君子，门外君子才临。无论什么生意，若非好人不成。"

有"全球第一 CEO"之称的杰克·韦尔奇（Jack Welch），对过去十几年的商业变革进行了深刻的反思和总结，写了一本《商业的本质》（*The Real-Life MBA*）。在这本书里，他写道："Before you are a leader, success is all about growing yourself. When you become a leader, success is all about growing others"。这句话翻译为中文，意思是：在你没有成为领袖之前，你的成功是培养你自己。当你成了领袖的时候，你的成功是培养其他人。商学院的任务是培养好的商人。把商人培养成好人，才是最大的成功。也只有这样，商人才会在社会里真正受到尊重，而不是被视为唯利是图的奸诈小人。

今天有人提出"当代儒商"的口号，我不知道他们说的"儒商"的具体内涵，不便做评述。但我觉得这反映出了一种新的趋势，就是要把中国传统中好的东西拿起来，充分加以利用。如果做到这一点，中国的商人就可以把现代和传统的优点汇聚在一起，成为具有中国特色的现代商人。这或许就是中国商人未来所要走的路吧。

第2章

宋：发达的金融体系

畅销书作家、历史研究者
吴钩

我要分享的主题是宋朝的金融体系。首先来讲一个关于宋朝造假钞的故事，也可以说是电影《无双》的宋朝版本。朱熹是南宋伟大的理学家，他扮演了类似警察的角色；唐仲友是台州的一个地方官员，也是造假钞集团背后的老板；蒋辉是一个雕刻印版的工人，技术非常高超，他当时转行去刻东南会子，即南宋纸币的钞版，也就是做假钞；贺选是一个书画家，可以把一张南宋的会子图案很真实地描绘下来，然后交给蒋辉刻成印版；金婆婆是分别与蒋辉和贺选单线联系的牵线人。最后，事情败露了，被朱熹捉到。

一、宋朝的钞版

宋朝为什么会出现那么多假钞？原因之一是宋朝已经有了纸币。在纸币发明之前，大家使用的货币主要是铜钱，虽然民间也有人私下铸造铜钱，但是铜钱的铜材成本与铜钱的面值差不多，铸造铜币没有多少额外的利润。然而纸币不一样，纸币本身没有价值，是一个价值符号，或者说是一种信用货币，如果伪造出来，盖上官印，一张废纸就可以变成金银财宝，这就激励了很多人冒险做假钞。

宋朝使用的纸币广为人知的有两种：一种是在北宋四川出现的交子；另一种是南宋出现的会子，主要在东南沿海地区流通。

我们在一些介绍四川交子的文章和书籍里，往往会看到这样一张插图（见图2.1）——交子钞版。但是我们可以明确：这个钞版绝对不是北宋交子的钞版，但是很难说它是不是宋朝的其他名目的纸钞的钞版。它也不是四川交子的钞版，因为里面有一行字："除四川外……流转行使"，而交子的流通范围主要是四川，因此这里存在矛盾。而且，这钞版不管图案还是文字都很粗糙，宋朝官方发行的钞版的做工不会这么低劣。

图2.1　传说中的交子钞版

另外南宋也有流传的钞版，被称作会子（见图2.2），我认为也有可能是假的，理由是：第一，它来历不明；第二，图案和文字的做工比较粗糙。而且它还有另外一个版本（见图2.3），区别在于下半部分的图案，但是这个版本的钞版上有很多错别字，很难想象一个官方发行的钞版会出现错别字。当时金国也有纸钞（见图2.4），但是它们的印刷质量看起来要比所谓的"北宋交子""南宋会子"好很多。宋朝的印钞水平怎么可能低于金国呢？

 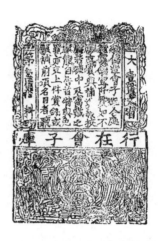

图2.2　传说中的会子钞版

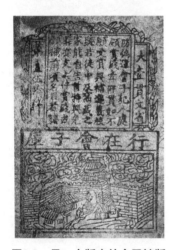 

图2.3　另一个版本的会子钞版　　　图2.4　金代小钞

此外还有元朝宝钞、明朝的宝钞，这些都是官方发行的，从技术角度来看，它们的制造比较精良。

20世纪80年代，在浙江的仓库和收费站里还发现了一套叫关子钞版的南宋纸币（见图2.5），从制版技术角度来看这套钞版比较精美，一共有8个——4个钞版和4块印章。由此可以看出，宋朝的一张纸币不是由一个钞版印制的，而是由一套钞版组合印制的。此外，一套印出来最少有三种颜色，而且钞票印出后还要盖上主管官员的签章。

图2.5　南宋关子钞版

一些网友根据这套关子钞版，自己拼出了关子（见图2.6），但是我认为它们是错误的。因为按照古代的纸张和印刷技术，不太可能双面印刷。直到清代，银票都是单面印刷的，背后没有印刷图案，因为以前的纸张比较薄，双面印刷会互相透，图案会不清晰。

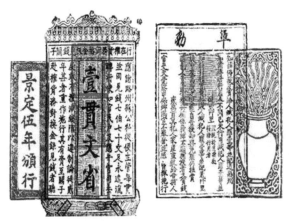

图2.6　网友拼出来的关子

据史料记载，关子是南宋末年发行的，当时的印章和版色盖出来像一个"贾"字，但是这里与"贾"字一点也不像，因此这种拼法是错误的。

所以图2.5中的南宋的关子钞版，虽然看起来很精良，但却可能是假的。此外，图2.5中的关子钞版是由铅版制作的，而南宋官方会采用铜版来印交子或会子，因为铜版比较耐用，而铅则比较软，易变形。但是如果私人做假币，用铜版肯定成本更高，技术难度更大，如果用铅版来做会更加容易，所以造假钞的集团更加有可能用铅版来做钞版。从这个角度来看，图 2.5 中的钞版可能不是后人伪造的，而是由南宋造假钞的团伙制造出来的，这也从侧面反映了宋朝造假钞风气之猖獗。

二、宋朝交子的金融属性

接下来我会以四川交子为例，介绍宋朝交子的金融属性，以及其货币演变过程。

（一）纸币（交子）

交子最开始出现时并非由官方发行，而是民间为了交易方便，自发诞生的。当时在四川，流通的媒介叫"铁钱"，是由铁制成的。当时铁并不值钱，有人统计过一贯铁钱大概有 25 斤[①]，因为铁钱不值钱，购买市场上常见的商品，一般要三五贯。如果买价值两贯的商品，就要提着 50 斤的铁钱出去买，非常不方便，于是就产生了使用纸币的需求。

当时民间的一些商铺发行了以铁钱为本币的存单，客户在商铺存下一笔钱，商铺老板给他开收据或者存单，客户拿着这张存单便可以去交易，存单被当作支付工具，客户也可以随时到商铺换回铁钱。这与我们现在到银行存一笔钱拿存单是一样的。所以，当时的交子只是一张存单，还不是货币。

后来，一些发行交子的商铺不讲信用，收到铁钱之后卷款逃跑，或者当客户拿着交子（存单）去取钱的时候，商铺不予兑付，于是，市场就出现了混乱。当时四川就开始整顿金融市场，不允许市面上随便发行交子，指定 16 家交子铺联合发行交子。

又过了几十年，这 16 家交子铺收到的钱太多，其中一些钱被挪用，有客户拿交子兑换铁钱时交子铺无法兑付，因此出现了法律纠纷。于是，政府决

---

① 1 斤为 0.5 千克。

定不允许私人开设交子铺，统一由官方来发行交子。

从交子发行权的角度来看（见图2.7），可以分为私交子和官交子：一个是私交子，也就是私人发行的存单；另一个是官交子，也就是官方发行的存单。官方发行交子时是分界的，两年一界，界满之后这些交子必须收回兑换成新的交子。从官方角度来看，分界时要收取一定的手续费，而且也可以筛选出假钞。宋朝假钞很猖獗，新一界被发行之后，原来的假钞就被淘汰了，这也有一定好处。

另外，以前的造纸技术比不上现在的，纸张在流通、使用的过程中也会磨损，一张交子不可能使用很多年，所以通过换届，破烂的交子可以及时得到回收。此外，当时官交子的面值是印刷的，而私交子的面值是手写的，这也是二者不同的地方。

元朝官府回收替换钞票时要盖章，这个章叫"昏烂钞印"（见图2.8）。但它是元朝的，不确定宋朝有没有，因为元朝大多是向宋朝学习的，所以从常理来推断，宋朝应该也有这样的机制。

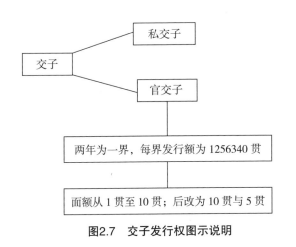

图2.7　交子发行权图示说明　　　　图2.8　昏烂钞印

（二）交子的发行渠道

从金融的角度来看，官交子与私交子还有一个更加重要的区别，那就是发行方式。官交子的发行渠道共有两种（见图2.9）：一种是纳钱请交，即老百姓要使用交子须存一笔铁钱,按照存的数目,给出相应的交子。此时,交子的性质与银行存款一样,存单便是交子。而且交子是不需要准备金的,因为存进去的钱不会另作他用。

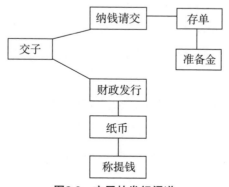

图2.9 交子的发行渠道

另一种是财政发行。宋朝时期,政府与西夏、辽多年交战,需要大量资金,于是想出印钞票的办法,即印交子作为工资发给士兵,或者当本钱去边境购买大米和其他物资,这种手段叫财政发行。存单是存多少钱,领取相对应的交子;与存单不同,财政发行的是流通出去的交子,没有本钱,这时候就已经接近纸币的发行了。发行纸币之后,需要一些铁钱作为准备金,因为总会有人要拿交子来换回铁钱,不然交子就会贬值。

到北宋末期与南宋时,政府遇到财政困难,甚至连准备金都没有了,交子不能兑换铁钱,但可以用于支付、购买商品、给政府纳税,以及政府用来发放工资等,与纸币没有区别。此外虽然交子没有准备金,不允许兑换铁钱,但当宋朝政府发行的交子过量,交子贬值后,政府往往会用一笔铁钱回购,使交子的价位和购买力重新提升。这种操作类似于我们现在所说的货币调控。除了交子,宋朝的纸币还有很多,比如北宋时有四川交子,后改名为钱引;陕西也发行过交子,只不过时间较短;甚至在宋徽宗时期,政府曾经企图在全国发行钱引,但以失败告终;另外还有小钞,流通范围较小、流通时间较短。

南宋时期,纸币使用的范围更加广泛,种类也比较多,主要有两淮交子、湖北会子等，当时流通最广的是东南会子。

表2.1梳理了宋朝的交子。

表2.1　宋朝的交子

时期	名称
北宋	四川交子（钱引）
北宋	陕西交子
北宋	诸路钱引
北宋	小钞
南宋	两淮交子
南宋	湖北会子
南宋	关外银会子
南宋	四川小会子
南宋	东南会子
南宋	关子

（三）代用币

除了这些纸币，宋朝还出现了一些代用币，主要有以下几种：第一种是"纸帖子"，就是在一张纸上加盖官府的印章。因为"纸帖子"没有流传到现在，所以我们看不到实物。第二种叫"竹木牌"，具体是什么形态我们也不知道。第三种叫钱牌，如图2.10所示。

图2.10　钱牌

南宋之所以会出现代用币，是因为北方产铜或者产铁的矿区基本上流落到外人手中。南宋时铸造铜币或者铁钱的材料不足，铸币量出现了断崖式下降，政府只能大量发行纸币，市场上流通的也主要是纸币。

但纸币存在几个缺点：一是面值较大，一般为1贯或500文，最低也是200文；二是容易被仿造，因此出现大量假钞；三是宋朝政府财政较为困难，只能依靠滥发货币来维持开支，所以纸币贬值得很厉害。

这时候一些日常的琐碎交易，比如10文和50文的交易，在铜钱充足时没问题，但在铜钱供应不足时就会出现问题，这时候代用币就出现了。

代用币在其他朝代也有，比如明朝使用大明宝钞，其发行和印刷毫无节制，导致其迅速贬值，原本值1000文的一张宝钞贬值到只值1文钱，跟一张废纸没有区别。

而后大量的海外白银流入，让白银成为一种通货。但是白银作为货币使用非常麻烦。中国在明代的时候没有银币，将白银作为称量货币，每次交易都要称银子的分量，验证其成色，非常麻烦。同时，明朝政府对铸造铜钱非常不积极，明朝大概200多年，其间铸造铜钱的数量只相当于北宋1年所铸造的数量，导致很多地方铜钱不够用，于是使用代用币，比如用贝壳（见图2.11）、布、谷、皮毛等作为代用币。

图2.11　明朝的贝壳代用币

相较而言，宋朝代用币的本质是一种信用工具，是一种价值符号。一张纸或者一张木片，只要盖上官府的印章，就成了代表一定价值的符号。而明朝的代用币还不是信用符号，其本身就是一种商品，有实用性，或者有稀缺性。比如，虽然贝壳没什么实用价值，但是贝壳是稀缺品，而布、谷本身又是有价值的。可以看出，宋朝和明朝的商品经济或者金融是有很大差异的，宋朝人在信用经济方面更加发达，而明朝在信用经济方面已经出现较大的萎缩或者退步。

（四）有价证券

讲完纸币和代用币，现在介绍另一种金融工具——有价证券。有价证券不是现代社会的产物，早在宋朝的时候就出现了很多有价证券，比如空名度牒、便钱、交引等。

1. 空名度牒

空名度牒（见图2.12）是官方颁发的出家人的身份证明。在唐宋时期，要成为一个合法的和尚或者道士，必须到官府领取身份证明，这个证明叫度牒。

图2.12　空名度牒

宋朝时，领度牒要交一笔费用，所以慢慢地政府就把发放度牒当成发行有价证券来对待，简单说就是售卖度牒。本来度牒上面写有名字，但是要将其卖出去，当作证券来使用，就不能写名字，所以叫空名度牒。宋朝的官府经常会批发一两百道度牒,不仅卖给和尚,还卖给普通人。人们可以把空名度牒当作有价证券,买后作为个人财产保存下来,等到急需用钱时再拿到市场上卖出,与现在买卖证券差不多。

2. 便钱(飞钱)

便钱(飞钱)是从唐代继承过来的。便钱跟现在的汇票或者汇款的凭证差不多。北宋时期纸币只在四川、陕西流通,其他大部分地区还是需要铜钱的(有时也会使用一些白银)。铜钱的缺点在于太笨重,搬运困难,不便于长途交易。

这时,宋朝就发明了一种叫便钱的支付工具。假设我是一个商人,要到杭州去买货,我可以在广州便钱务(即便钱机构)里存入10万贯钱,由它开一张收据或凭证,这个凭证就叫便钱。我带着这张便钱,到杭州的便钱务,拿出这个凭证,兑换出10万贯的铜钱。这种操作类似于我们现在的汇款。

宋朝政府设立便钱务,帮助商人汇兑铜钱,一方面促进了商业发展,另一方面,帮助宋朝政府实现了财政转移。比如,深圳政府要把10万贯的财政收入转到杭州去,直接叫人搬过去非常困难,但如果杭州的商人,存了10万贯钱到便钱务,拿着便钱到深圳,从深圳便钱务再领出10万贯钱。从政府财政角度来看,这笔钱就到杭州去了。

但在明朝,如果一个北京商人要到山西买皮货,带10万两银子必须雇几个挑夫挑过去。宋朝就不用这样,他可以在北京把钱存到便钱务,领一张汇票,带着这张汇票跑到山西,再从山西的便钱务取出现金。

如果明朝地方政府要把收上来的10万两白银税银送到北京,只能请官兵硬搬过去。但是在宋朝,首先把地方,比如广州收到的10万两白银税款封存在当地,然后京城贴出告示,说有一批钱现在存在广州那边,哪天商人要去广州做生意,可以先把你的钱存到京师的便钱务里,再拿着汇票直接到广州取出来。明朝和宋朝的两种做法,一种是用物理搬运,另一种是用金融的方法调度资金,孰优孰劣一看便知。

3. 交引

宋朝对盐、茶叶还有一些名贵的香料等实行专卖。商人要卖茶叶或盐,先要到一个叫榷货务的机构，存钱之后领一张凭证，这个凭证叫交引，或者茶引、盐钞。有了茶引这个凭证，就可以到生产茶的茶场去领出茶叶，然后贩卖；有了盐钞，就可以到产盐的盐仓，领出盐再去贩卖，相关流程见图2.13。

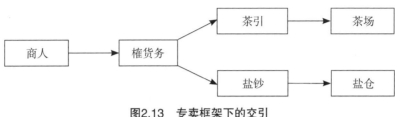

图2.13　专卖框架下的交引

在"入中"框架下来看，宋朝边境士兵的军需物资和粮草，需要从市场上购买。为了吸引商人向边境的部队提供大量粮草，政府出台了一些优惠政策。商人向边境部队贩卖粮草的过程就叫"入中"。商人到边境驻军的地方售卖粮草、商品，可以领到一张交引，这个交引的价值比他们卖出去的货品价值高很多。比如某个商人向边境的部队卖了1万贯的粮草，部队开出的交引可能价值2万贯，这样才会吸引大量商人去"入中"。商人拿到这张交引后有两种做法：一种是到榷货务兑换成现金；另一种是换成盐钞或者茶引，到产盐或者产茶的地方兑换为盐或茶，然后贩卖。（见图2.14）。

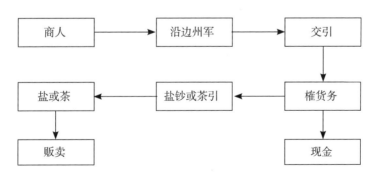

图2.14　"入中"框架下的交引

三、发行金融工具的机构

(一) 解库 (质库)

上文说到宋朝出现的金融工具,下面谈一下发行这些金融工具的机构。宋朝的金融机构有官营也有私营,第一种是解库,也叫质库。《清明上河图》中有一个建筑物,上面挂着一个写着"解"的牌子,主流的看法认为"解"指解库,类似于明清的当铺。

(二) 长生库

第二种是长生库。长生库与解库类似,只不过由和尚经营。古代的寺庙非常富有,有大量财产,这些财产可被拿来放贷,专门从事这种放贷工作的机构叫长生库。

(三) 银行

第三种是银行。明代刻印的南唐时期的南京地图中出现了"银行"二字,表明古代是有银行的,但含义与今天不同。古代的银行就是金银铺,做金银首饰的铺子。除了卖金银首饰之外,这些铺子还卖生金银。生金银俗称"金银元宝",是一种货币。金银铺在卖生金银的同时,还会从事货币兑换业务,比如你有一两白银想换成铜钱,就可以到金银铺里兑换,因此金银铺就具有一定的金融功能。其实在国外也是如此,比如中世纪的英国如果有人到金店存黄金,金店出具收据,那么凭借这张收据人们可以换回黄金,也可以到市场上直接交易,于是这类收据便慢慢演化为纸币。

(四) 交引铺

第四种是交引铺。宋朝还有交引铺(见图 2.15)。商人拿到交引之后,可以直接到榷货务里兑换成盐钞或者现金,但是有时候榷货务里盐钞或者现金不足，无法随时兑换。商人有时急着用钱，这个时候他就可以把手上的交引卖给交引铺，交引铺低价收购这些交引，囤起来，等到榷货务有货的时候，或者交引升值的时候，再去领货或者换成现金，或者直接抬高一点价钱卖给其他茶、盐商人。所以，可以说，交引铺就是一个买进、卖出交引的"证券交易所"。

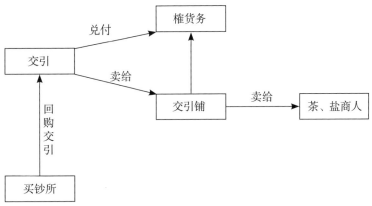

图2.15 交引铺交易的过程

为了盈利，交引铺有时会利用垄断地位，拼命压低交引价格。但商人如果将手里的交引都低价卖出去，"入中"的时候就没有多少利润可图，这种情况下商人"入中"的热情就会消减，宋朝边境就会买不到粮草，政府很着急，就要想办法救市，类似于现在如果股市大跌，政府也要入市。于是宋朝政府设立了一个买钞所，在交引价格很低的时候提高一点价钱，回购这些交引，和交引铺对冲（图2.15）。这种做法跟现在我们在金融市场或者股票市场所看到的做法很类似，即金融大鳄要压低价位，政府一般会成立一个基金，在需要的时候救市、护盘。在1000年前的宋朝，这种机制便已有了雏形，这是宋朝金融业的特点，在其他朝代是没有的。

在这里顺便讲一下明朝的盐引制度。明朝的盐商也必须先买到盐引，再凭借盐引去贩卖食盐。但一开始，明朝的盐引跟持有盐引的人捆绑在一起，不允许转让，甚至商人买了盐引之后来不及换成食盐便中途过世，盐引也无法继承。

明朝商人拿到盐引，凭盐引领取食盐往往要等非常长的时间，很多商人等不及，于是这些盐商逐渐分化为两大类：一类叫边商，只负责去边境"入中"，领取盐引；另外一批商人成为专门的内商，负责向边商购买盐引，兑换食盐。边商"入中"之后自己不用领盐，可以直接将盐引卖给内商；内商也不用到边境"入中"，而是从边商那里买到盐引就可以领到盐，这是一种互利的关系。

但后来出现了另一个问题，内商为了盈利，买边商盐引时拼命压低价格，买来后又囤货，把盐引囤起来，导致市场混乱，内商也因此被称为囤户。

明朝政府无法容忍这种行为，最后改成了纲盐制，即纲册上有名字的人，才有资格领盐引、贩卖食盐，类似于垄断性的特许经营制度。这时候盐引就成了特许经营的执照，由固定的盐商家族世代相传，其他人则没有资格贩卖食盐，所以明清时出现了富可敌国的盐商。图 2.16 为纲盐执照。

图2.16　纲盐执照

（五）检校库

第五种是检校库。宋代有一些孤儿，没有能力去处理自己的财产，如果其直系家属已经不幸去世，旁系的人可能会来抢夺留下的遗产。为防止这种事件发生，宋朝成立了检校库，规定如果父母双亡，留给孤儿的遗产必须由当地政府成立一个检校库登记保管，每个月从检校库里拿出生活费给孤儿，等孤儿成年后再归还财产。但这样一来，检校库里孤儿的钱会越用越少，等到他长大之后可能就没剩下多少钱了。当时有一些大臣提出一个办法，把检校库里孤儿的财产拿去投资，用投资的收益给孤儿做生活费，这样钱就不会越花越少。当时的主要做法是成立一个抵当库发放贷款，用我们现在的说法就是成立一家银行，发放贷款，利用贷款所得到的利息来给这些孤儿支付生活费。

从这个角度看，抵当库有点类似于监护与托管机构，孤儿的财产监护权由国家代行，为了防止财产越用越少，又拿这些财产去投资，因此又有点类似于现在的委托投资机构。

（六）榷货务

第六种是榷货务。宋朝最重要的金融机构要属榷货务。"榷"的意思是卖东西，但榷货务最重要的功能不是卖东西而是发行货币。北宋共设有七个榷货务，一个在京师，六个在东南。到了南宋时只剩下三个（见表2.2），这里主要介绍京师榷货务的职能。

表2.2　宋朝榷货务对比

时期	榷货务分布
北宋	京师榷货务 + 东南六榷货务
南宋	行在榷货务 + 建康榷货务 + 镇江榷货务

图2.17是榷货务都茶场的官印，都茶场下面有一个机构叫会子务，功能是发行东南会子。

图2.17　榷货务都茶场官印

榷货务有三个重要职能：

第一是发行纸币。榷货务掌控所有的茶、盐的专卖权，可以以茶的专卖权为准备金，来保证所发行的会子的信用。

第二是发行有价证券，包括前文所说的盐钞、茶引等。图2.17是在广西出土的一个卖钞库的官印。卖钞库是发行盐钞的，南宋设了三个榷货务，在广州、广西也设立了一些卖钞库，功能跟榷货务发行有价证券是一样的。

第三是称提纸币。纸币如果滥发就会贬值，所以一般会由榷货务回购市场上流通的纸币，再销毁掉。市场上流通的纸币数量少了，购买力就会上升，现代国家也会采用类似的做法。

（七）内藏库

第七种是内藏库。除了榷货务，宋朝的内藏库也比较重要。很多人认为内藏库是皇帝私有的小金库，但其实严格来说内藏库是国家的储备库。

内藏库有以下重要功能：第一，发行铜钱。按宋朝的惯例，各地铸造的铜钱，首先要存入内藏库里，使用时再从内藏库里拨出来。第二，储备黄金，这是内藏库作为国家储备库的另一功能。第三，给政府机关提供资金借贷。例如，宋朝要给户部提供100万贯的铜钱，户部要与内藏库开借条，等户部的财政有盈余了，再还给内藏库，有借有还。第四，运用储备回笼纸币和有价证券。宋朝政府发行的纸币、有价证券一旦出现贬值，内藏库会拿出储备，如铜钱、黄金或白银等来回笼这些纸币和有价证券，从而使市场流通的纸币或有价证券的价位保持在合理区间。

由此可见，榷货务与内藏库在一定程度上发挥了中央银行的部分职能。宋朝的类似中央银行的机构在其他朝代是很难看到的。

四、宋朝与明清金融机构对比

为了更好地了解宋朝金融制度的先进性，我们对比一下明清时期的金融机构。明清金融机构比较多，我们在电视剧里看到的当铺、银铺、票号等都属于这类。此外，明清时的金融工具也比较多，如会票（汇票）、凭帖（本票）、兑帖（支票）、壶瓶帖（类似融通票据）、期帖（远期汇票）等。

（一）白银与银票

银票不是一种纸币，而是存单。客人向银铺存入白银后，银铺会开具一张银票，银票的面值是手写的。客人拿到银票，可以随时到这家银铺或其连锁店里兑换白银，也可以将银票拿到市场上买卖交易。这里银票的本质是存单，同时又具备纸币的功能，但是它不是货币。

银票的优点一是可以减少称验白银的次数。明清政府没有发行银币，白银作为称量货币出现后，每次交易都要称验，非常麻烦，使用银票则可以免去这一环节。二是便于长途贸易。白银很重，不利于搬运——长途贸易时要带一万两银子肯定很不方便，但携带银票就轻便很多。

明代《金瓶梅》里没有一句提到银票，使用的货币都是白银，因为明朝没有银票。明朝有会票，是一种小范围流通的票据，与银票不一样。银票发展到晚期时，号称汇通天下，因为那时发行银票的大银号在各个大城市甚至国外都设有分点，人们可以到其连锁店里兑换银票，所以那时的银票被当成纸币来流通，但是在明朝还不行。图2.18是白银和银票。

图2.18 白银和银票

(二)票号与镖局

再介绍一下票号与镖局。票号是前文所说的发行银票的机构。镖局又是什么呢?由于白银的搬运非常麻烦,在票号出来之前,要长途搬运白银必须请保镖,于是镖局应运而生。

镖局出现的时间比较晚,出现在清朝。一些武侠小说,比如《倚天屠龙记》里,说元朝末期就有镖局,是不符合历史的。最早的镖局出现在清代乾隆年间。当然没有镖局的时候也有保镖,保镖的工作是协助商人押送白银。最早的保镖被称为"標兵"。当兵的有武功也比较彪悍,从军营里逃走之后当"標兵",然后被富商雇为保镖,由此从"標兵"产生了"保標"这个词,并慢慢演化出镖局。其实镖局的正确写法是"標局"。晚清的一些武侠小说,慢慢把"標局"改成了"镖局",但它的原始写法"標局"才是正确的(见图2.19)。

图2.19 標局/镖局

从上文的介绍可以看出,如果一种金属货币(比如白银)没有证券化,无论搬运还是交易,都很麻烦。

那么,宋朝的金融与明清的金融有什么不同?宋朝的金融机构和金融工具,大部分是官方设立的。金融机构包括抵当库、榷货务等。虽然民间也有解库、长生库,但是最发达的机构还是官方设立的。宋朝出现的金融工具,如各种汇票、交子也是官方发行的。所以宋朝金融的一个特点是,国家介入程度比较深,国家有意识地推动或建立起这些金融机构和工具。而明清恰好相反,当铺、银铺、票号都是民间自发产生的,各种汇票也是民间产生的,明清政府对这些金融机构和工具基本上采取冷眼旁观、不干预、不介入的态度,与宋朝的反差较大。

那么,当一个传统国家要向现代化转型的时候,比如金融要转型、发展,到底哪一种做法更为可取?是政府对金融的发展袖手旁观,任由民间自生自灭;还是政府努力构造,深度介入,促进其发展?这个问题没有最终答案,可能在不同的历史阶段有不同的合理答案。比如在社会转型期,从传统社会向现代社会转型的时候,我认为必须有国家更深的介入,利用政府的力量发展金融制度。这不仅仅是宋朝给我们的启示,西方的现代化历程也是如此。但是在一个国家完成转型后,政府或国家需要守住边界,不过多干预市场。所以,我们不能笼统地说政府应该怎么做,而是必须放在特定的历史进程里面来看。

战略之道

第3章

从"西风东渐"到"一带一路":
从地缘政治谈起

近代军事史学者、上海国盛(集团)公司副总裁
姜鸣

一、地缘政治学说的三种理论

在国际政治学说中,地缘政治是研究国与国之间政治关系的一门学问,其中有三个比较重要的理论。

(一)"世界岛"理论

"世界岛"理论是英国地缘政治学家哈尔福德·麦金德(Halford Mackinder)提出来的理论。在他的理论体系中,地球由两部分构成:整个欧亚大陆被视为一个非常大的岛屿,这是第一部分,其中欧洲、亚洲、非洲分别是大板块;在欧亚大陆的边缘,有一系列相对孤立的大岛屿,比如,美洲和大洋洲,这是第二部分。

在整个人类历史中,19世纪,欧亚大陆(主要是英国)在控制世界的发展,所以英国人认为"世界岛"的核心地带是欧亚大陆。欧亚大陆的中间是"世界岛"的中心——东欧,通过东欧可以向东前往亚洲,向南控制南亚,向西控制西欧;还有两个边缘地带——"内新月"和"外新月"。麦金德的理论有三个

判断：谁控制了东欧，谁就控制了"心脏地带"（"心脏地带"是欧亚大陆）；谁控制了"心脏地带"，谁就控制了"世界岛"；谁控制了"世界岛"，谁就控制了世界。

（二）"边缘地带"理论

1942年，美国地缘政治学家尼古拉斯·斯皮克曼（Nicholas Spykman）提出了"边缘地带"理论。他认为谁统一或者整合了欧亚大陆东、西两端的"边缘地带"，谁就掌握了世界上最有潜质的地区；谁掌握了世界上最有潜质的地区，谁就能成为欧亚大陆上的强国；谁成了欧亚大陆上的强国，谁就能成为具有"世界超强地位"的美国的挑战者。

这个理论产生于第二次世界大战时期。1942年，德国和日本非常猖獗，而英国在衰弱，法国当时已经被德国占领。而当年斯皮克曼已经在考虑美国赢得第二次世界大战之后的世界格局了。他不是站在1942年的角度研究当时的世界格局，而是思考如果美国赢得了战争，那么将来谁能够控制欧亚大陆，谁就是美国的挑战者。

第二次世界大战期间，在美国人的眼里，中国还不是看得上的对手。看得上的对手是欧亚大陆东部的日本。一方面美国要扶持力量来控制欧亚大陆；另一方面要防止这个地区的崛起，以防影响美国对世界的控制。欧亚大陆有西部边缘和东部边缘：东部边缘是日本、中国，以及东南亚地区，即现在的东盟①；西部边缘是西欧，就是现在的欧盟。

（三）"海权论"

第三种理论是美国的阿尔弗雷德·塞耶·马汉（Alfred Thayer Mahan）在19世纪末提出的"海权论"。他认为谁掌握了世界核心的咽喉航道、运河和航线，谁就掌握了世界经济的能源运输之门；谁掌握了世界经济的能源运输之门，谁就掌握了世界各国的经济命脉和安全命脉；谁掌握了安全命脉和经济

---

① 东盟，指东南亚国家联盟（Association of Southeast Asian Nations）。

命脉，谁就掌握了世界。

之前两个理论都是有关"陆权"的，而马汉的理论则是如何控制海洋。他认为美国并不处在欧亚大陆，但是在两次世界大战后，美国控制了全世界。美国宣称要通过海洋来控制世界，靠海军掌控世界上13个重要的交通咽喉、航线咽喉，包括苏伊士、巴拿马运河和各种海域、航线，比如地中海出海口、马六甲海峡等。

马汉的理论对美国的崛起起到了至关重要的理论指导意义，美国海军成为世界海军。美国把制造业分散到全世界，甚至具备全世界远洋运输的造船能力。现在世界上最大的造船国家是韩国和中国，但是美国有能力通过其在全世界的海军，让世界贸易停下来。也就是说，美国的"海权"是关掉各个重要海口的权力。

由于历史上人类主要的活动范围在欧亚大陆，因而在地缘政治的三种理论中，第一、二种理论都反映出历史上欧亚大陆的各种战争，国与国之间的交锋、博弈过程。只有一个例外，那就是100多年来美国成了世界上最强大的国家，成为地理位置上处于欧亚大陆之外却主宰世界的霸主，尤其在苏联解体之后，成为唯一的霸主。究其原因，是因为美国非常注重地缘政治战略。斯皮克曼的理论让美国思考如何从"陆权"上制约欧亚大陆，这是世界政治的争夺中心；马汉的理论则讨论如何从"海权"上控制世界海洋和各战略咽喉要道，以保证美国在全球的利益。

根据以上理论，我们便能够理解为什么多年来美国的战略核心在欧洲；也可以理解"亚太再平衡"战略，即为什么美国要重返亚太；还可以理解美国所谓的世界自由航行等一系列霸权主义理论。这些战略和理论本质上都是美国地缘政治学说所支撑的对世界格局、世界战略的看法，也就是控制世界的核心利益圈——环大西洋的政治经济关系和环太平洋的政治经济关系，以及控制海洋的核心利益。

二、19 世纪的世界格局

如果从欧亚大陆的整体形态看,早在 2000 年前,古代中国和罗马帝国都是在欧亚大陆板块上非常活跃的大国。中国在历史上曾经有过强盛的时期,但是由于欧亚大陆西部边缘和东部边缘之间有广袤的内陆部分,即中亚地带,这两个边缘从来没有结合起来。除了其中一个短暂的时代,即成吉思汗建立的蒙古帝国(最后分成了四个国家),东、西部的欧亚大陆始终没有真正地连在一起。几千年里,在这片大陆的东、西部的活动空间里产生了一些强悍的游牧民族,他们向中原地区进军。在古罗马一带,也就是中亚地区,不断出现一些蛮族向西面进军。人类历史上有过很多强盛的帝国,也有过很多蛮族入侵,它们不断颠覆沿海地区经济发达大国的军事、政治统治,演化出一系列轰轰烈烈的历史事件。

(一)西方势力东来

古罗马帝国崩溃后,欧洲进入漫长的中世纪时期,历经基督教诞生、文艺复兴、大航海时代,并最终奠定了欧洲霸权的基础。17 世纪以来,西班牙人发现美洲,葡萄牙人占领中国澳门,大航海时代开辟了全球化,欧洲人开始向美洲、大洋洲移民,地球上尚未被人类开发的大陆在大航海时代逐渐被开发。

19 世纪开始,西方的航海力量不断增强,西方力量逐渐东来,尤其是向着中国这个欧亚大陆东缘大国而来,这就是"西风东渐"的过程,其实质是西方的殖民、经济力量的向东扩张。

英国自 18 世纪工业革命开始崛起,相继打败了西班牙、荷兰、法国,成为世界霸主。19 世纪,全世界人口爆炸式增加,从 9 亿人增加到 16 亿人,其中欧洲总人口从 1.23 亿人增加到 2.67 亿人。统计数据显示,从 17 世纪初到 20 世纪 50 年代,约有 2000 万英国人离开英伦群岛走向世界。他们在全世界范围内开拓殖民地,寻求利益推动本国经济发展,以期控制全世界。

19世纪，英国在全球范围内建立了大量的殖民地。英国的势力越过大西洋延伸至美洲，美国东部和加拿大都成为当时英国的殖民地；英国商船绕过好望角，非洲很多地区也被纳入英国的殖民范围；再往东，印度成为英国最重要的殖民地；再经过澳大利亚、新西兰，这两地也都沦为英国的殖民地。最终在鸦片战争时，英国的势力来到了东亚的边缘——中国，但只在中国东南沿海割取了部分城市，比如香港。在19世纪，几乎没有一个西方国家有能力像吞并印度那样吞掉中国，虽然英国当时号称"日不落帝国"，但也做不到完整地控制亚洲最东端。

19世纪，还有两个非常重要的欧洲国家开始向东方世界扩张。一个是与中国有领土接壤的俄罗斯。17世纪以后，俄罗斯的哥萨克军团翻越乌拉尔山不断向东扩张，最后在19世纪侵占了中国西部和东北部数百万平方公里土地。同时俄罗斯还谋划修建一条铁路，试图将欧洲和亚洲东缘连接起来。当时的俄罗斯在欧洲国家眼里非常落后，19世纪60年代才从农奴制国家走向资本主义国家，俄罗斯当时在世界其他地区也没有殖民地，所以向亚洲扩张成为其国家战略。

除俄罗斯外，德国也在19世纪成为欧洲强国，也要开拓殖民地。由于非洲早已被英国、法国、西班牙瓜分完了，德国便将目光投向了东方，选择了中国青岛。在1898年前后，德国以中国人杀害两个传教士为借口，强势抢走青岛。

"海权"崛起之后，英国人在全世界扩张，两个后起的欧洲强国——俄罗斯和德国，在东方进行扩张。19世纪是海洋世纪，尤其在19世纪中叶后，西方国家把帆船升级为蒸汽动力驱动的大型铁甲舰，开往世界各地，攻城略地。19世纪还有一项非常重要的发明——铁路。铁路在欧洲的普及，标志着"陆权"开始发展。1870年普法战争中，德国完全使用铁路运输兵力，其投放速度是拿破仑战争投放和转移军队速度的6倍。随着"陆权"的复兴，德国、俄罗斯等欧洲本土大国得以用一种新的方式挑战英国的海洋霸权。

此外，蒙古国的北面是俄罗斯。20世纪20年代，蒙古国几乎被苏联控制，苏联在蒙古国发动了"独立运动"和"民族革命"，将其完全控制。自1890年起，俄罗斯开始谋划修建西伯利亚铁路，这条铁路从莫斯科延伸至符拉迪沃斯托克，全长约9288公里，连接欧洲西缘和亚洲东缘。这条铁路对俄罗斯在东方新领土经济的拓展起到了非常大的推动作用。俄罗斯修建这条铁路的时候，中国人没有发觉这与中国的命运、地缘政治息息相关，但日本人在1890年左右已经察觉该事件的危险性，担心未来会被欧洲控制。

在1868年明治维新之前，日本已经警觉到鸦片战争对中国侵略所带来的潜在危险。19世纪60年代之后，美国将军舰开到日本长崎港，命令日本必须打开门户和美国做生意。日本幕府经过研究之后决定开放口岸，学习西方，最后走向了明治维新。明治维新的口号是"殖产兴业，文明开化，富国强兵"。彼时的日本已经感受到欧洲有一股力量正在向东面袭来，作为欧亚大陆最东边的岛国，如果要生存下去，只有两个选择：一是"大陆政策"，征服中国台湾和中国东北地区，以至整个中国；二是"南下政策"，将势力扩展至东南亚，从中国台湾地区向菲律宾扩张。在此想法下，1874年日本侵略中国台湾；1879年吞并琉球（冲绳）；1882年、1884年两次在朝鲜挑动"壬午事变""甲午事变"；1894年爆发甲午战争；1895年占领中国台湾；1910年吞并朝鲜。其中1904年，日本为了争夺中国旅顺和西伯利亚铁路，与俄罗斯打了一场"日俄战争"，并且打败了俄罗斯。俄罗斯当时不服气，在太平洋舰队被日本人歼灭以后，又用波罗的海舰队组建了第二太平洋舰队，和日本再次展开了一场大海战，再次战败。自此，日本正式崛起，被西方承认为强国。

1890年，俄罗斯计划修建西伯利亚铁路时就引起了日本的警惕。1891年，俄罗斯皇太子尼古拉坐军舰从欧洲前往亚洲，经苏伊士运河到达中国的香港、上海，李鸿章还安排接待了他。随后，尼古拉访问日本，在日本大津访问期间，他乘坐人力车兜风，突然，维持秩序的日本警察津田三藏拔刀刺杀皇太子。刺杀原因是皇太子尼古拉5月份要赴符拉迪沃斯托克主持西伯利亚铁路动工典礼，日本的报纸和舆论不断宣传西伯利亚铁路的修建对日本将造成诸多威胁，称铁路建成后，欧洲人的势力便可延伸至亚洲最东端。一个年轻的日本警察想用暗杀阻止俄罗斯修建铁路，差点引起两国开战，最后日方向俄方道歉，将其称为偶发的治安事件。这个例子说明，俄罗斯要修建西伯利亚铁路的时候，中国置身事外，而日本却非常警惕，显然1890年前后，日本已经对世界地缘政治有了一定的认识。

甲午战争后，清政府将日本视为最大的民族敌人，并考虑与一个欧洲列强结盟，希望它将来能够帮助自己抵御日本侵略。当时在清政府中，有一股非常强大的"亲俄"势力。1895年《马关条约》签订后，清政府向日本割让的土地包括中国的台湾和辽东半岛，俄罗斯联合法国和德国向日本提出抗议，认为辽宁半岛被割让，对俄罗斯远东是一种直接威胁。因此就有了"三国干涉还辽"的历史事件：俄、法、德三个国家联合派出海军向日本武力抗议。日本海军虽然在甲午战争中打败了北洋海军，但已是筋疲力尽，不可能再与俄、德、法三国开战。尽管这三国也未必真的会向日本宣战，但它们发出了日本应该适可而止的外交表态。最终，日本只得同意把辽东半岛还给清政府，但赔款从2亿两白银增加到2.3亿两白银。

皇太子尼古拉1896年成为沙皇尼古拉二世，清政府派李鸿章前往圣彼得堡参加登基典礼，并在祝贺使团的外交活动中展开了一次秘密外交：由于西伯利亚铁路所经之地天寒地冻，自然环境很恶劣，施工和维修不便，俄罗斯提出铁路从中国走一段，即从满洲里入境，经哈尔滨到绥芬河再连接符拉迪沃斯托克。俄罗斯声称，倘若日本再次侵略中国，俄罗斯会作为中国盟国对日作战。而且，若西伯利亚铁路从中国东北穿过，将便于俄罗斯运送军队，俄罗斯可以不用绕圈从符拉迪沃斯托克前来支援。在俄罗斯财政大臣的策划下，李鸿章和俄罗斯外交大臣签订《中俄密约》。《中俄密约》的直接后果是推动了东北一系列新城市的出现。东北原是满族发源地，清朝前、中期汉族不得进入。经过中国东北的铁路，被称为中国东方铁路，简称"中东铁路"，铁路局位于哈尔滨。从哈尔滨到大连也有一条铁路，当时叫"南满铁路"。铁路的修建带动了哈尔滨、长春、沈阳、大连等城市的发展。

然而俄罗斯并不是真正想帮助中国抵御日本入侵，1896年签订的《中俄密约》只是俄罗斯欺骗李鸿章的一个说辞。他们真正想的，是借这条铁路使俄罗斯的势力进入中国东北。1898年山东发生了巨野教案，德国以此为借口强占青岛。当时，清政府希望俄罗斯对德国的侵略行为进行干预。而德皇和沙皇是表兄弟，他们讨论后决定，如果德国占领青岛，俄罗斯不予干涉；如果俄罗斯占领旅顺，德国也不要提出异议。这样，在《马关条约》中国割让台湾三年之后，德、俄又强"租"了青岛和旅顺。这也表明，俄罗斯根本不是清政府的战略同盟国，而是一个趁火打劫者。俄罗斯由此获得一个比其远东港湾更加向南的不冻港。

西伯利亚铁路的修建造成了日本对中俄结盟的巨大恐慌。1904年，日本直接攻打俄罗斯在旅顺的要塞，把旅顺港抢了下来。清政府却作为局外中立方，划了一个交战区，表态中国政府谁也不帮。中国和俄罗斯的结盟完全是一场自欺欺人的骗局，中国也没有力量真的联合俄罗斯对抗日本。这是19世纪末到20世纪初由于修建西伯利亚铁路而造成的一系列巨大的地缘政治事件。

（二）美国崛起

美国于1776年获得独立，19世纪开始崛起。美国崛起有一个非常重要的标志——"门罗主义"（Monroe Doctrine）。"门罗主义"是美国第五任总统詹姆斯·门罗（James Monroe）在1823年提出的概念。当时欧洲列强在美洲的势力范围主要分布在英国殖民地、西班牙殖民地和葡萄牙殖民地。1823年，美国提出自己对于美洲势力的看法："美洲是美洲人的美洲"，指的是在已经获得并维持自由独立的美洲大陆各国，今后不得被任何欧洲列强当作殖民对象。这个口号支持了美洲许多原来欧洲殖民地国家的独立、解放运动。但是从某种程度上讲，"门罗主义"让美国把拉丁美洲视为自己的后院，视为美国的势力范围。

1898年，美国和西班牙殖民军队在古巴和菲律宾开战。打败西班牙之后，美国拿下了其在亚洲的第一块势力范围——菲律宾。两次世界大战后，美国真正取代英国成为世界霸主。

美国在崛起的过程中，建立了自己的太平洋舰队。当年巴拿马运河尚未开通，坐船往返美国东西海岸必须绕过南美洲最南端，时间非常漫长。而若从密苏里河乘马车前往旧金山，时间比从广州乘帆船前往旧金山还要慢一半。美国便利用从中国输出的华工，修建连接东西海岸的太平洋铁路。这是一段华工辛酸史。当时广东很多老百姓在国内生活艰难，听说大洋彼岸的美国有一个叫"金山"的地方（现在的旧金山）有很多金矿，所以许多人移民到那里淘金。当金矿被开采完后，中国人没有就业机会，又去参加修建太平洋铁路。1862年，美国签署了建设太平洋铁路的法案，有两支铁路修筑大军同时开工：一支从加利福尼亚州的萨克拉门托向东；另一支从内布拉斯加州的奥马哈向西，最终修建完成美国太平洋铁路，为美国真正成为世界强国奠定了基础。这在某种程度上归功于美国的"陆权"，如果没有这么一条大铁路连接美国东西两岸，美国很难变得超级强大。

三、19世纪中国与周边国家的关系

19世纪中叶，中国仍未开启现代化进程，中国与周边国家仍是中央王朝和藩属国的关系。南部和西南部的藩属国有越南、老挝、泰国、缅甸和尼泊尔等。东北部有非常重要的两个藩属国——朝鲜和琉球。琉球在1886年前后被日本吞并，后被称为"冲绳"，朝鲜也在甲午战争后被日本控制。

在当时的地缘政治关系中，中国认为"天朝物产丰富，无所不有"，不需要和他国有往来。藩属国向中央王朝朝贡，清朝廷会赏赐更为丰厚的礼品。19世纪60年代到70年代，德国著名地理学家费迪南·冯·李希霍芬（Ferdinand von Richthofen）前后七次到中国考察，并首先提出了"丝绸之路"的概念，用以形容中国西部通往欧洲的道路。同时他向德国政府建议，如果要在中国沿海找军港，有几个地方可以考虑，胶州湾是首选，舟山、厦门也应在考虑范围内。这便是德国选择占领青岛的由来。

1793年，英国派来"马戛尔尼使团"（Macartney Embassy），想与乾隆皇帝建立外交和贸易关系。使团抵达北京后，却被乾隆皇帝赶走，理由便是"天朝物产丰富，无所不有"，中国不需要与英国建立外交关系。当时，双方就觐见乾隆时下跪与否这一问题发生了激烈争吵。乾隆皇帝认为，作为远方来朝贡的使臣，理应下跪；马戛尔尼则说即使对自己的国王也是单膝示意，而不会双膝跪拜。当时马戛尔尼带来许多精美礼品，包括马车、枪、钟表、火炮等，后来这些礼物在英法联军火烧圆明园的时候被发现，它们被放在一个房间里，并没有被打开。显然，英国把当时欧洲最先进的兵器赠送给了清朝皇帝，但清政府完全不当回事。

1816年，英国国王又派出另外一个使节威廉·皮特·阿默斯特（William Pitt Amherst）和清政府讨论开放问题，雍正皇帝同样予以拒绝，也同样涉及跪拜之争，阿默斯特只能开船返回。有一个传说是他回国的时候经过圣赫勒拿岛，去拜访了当时被流放的拿破仑。拿破仑与其交谈时指出，中国现在是沉睡中的狮子，最好不要把它吵醒；如果它被叫醒，世界都将震动。事实上，19世纪末有个非常著名的论调叫"黄祸论"，认为黄种人将在20世纪崛起，并把白种人灭绝。这是德国侵占青岛时德国威廉二世皇帝臆造的，他甚至还请御用画家绘制了一幅名为《世界各民族，保护你们最珍贵的财产》（也称《黄祸图》）的版画，并印刷若干份送给欧洲王室，画中寓意黄种人崛起将要灭绝欧洲人，其本质是挑动欧洲人对黄种人的警惕与仇恨。此外，丑化中国的漫画还出现在当时欧洲和美国各类漫画杂志上。

四、国家战略和中国梦

20世纪80年代，香港GDP（Gross Domestic Product，国内生产总值）超过北上广三个城市GDP的总和；2014年，香港GDP折算成人民币已经落后于上海和北京；2015年，广州GDP超过香港GDP。20世纪80年代，中国台湾GDP超过中国大陆GDP；20世纪90年代，中国台湾GDP是中国大陆GDP的60%；2014年，中国大陆已有5个省份的GDP超过了台湾，台湾排在河南之后；2015年，台湾GDP排在全国第6位。

2015年，美国GDP达到17.97万亿美元，中国GDP则为10.86万亿美元，日本排在第3位，韩国在第13位，中国GDP是日本GDP的2.5倍。中国工农业产品的产量，以及总投资、对外投资、吸引外资规模现如今都已发展至较高水平。

中国和世界紧密地联系在一起，各国相互联系、相互依存的程度空前加深。人类生活在同一个地球村里，生活在历史和现实交汇的同一个时空里，越来越成为"你中有我、我中有你"的命运共同体。

2015年发表的《中国的军事战略》白皮书提到，"中国的国家战略目标，就是实现在中国共产党成立一百年时全面建成小康社会、在新中国成立一百年时建成富强民主文明和谐的社会主义现代化国家的奋斗目标，就是实现中华民族伟大复兴的中国梦。"这里有一个词——"国家战略目标"。什么是"国家战略"？目前，对国家战略有两种理解。如果按西方的理解，国家战略是指国家的大战略，是从军事学衍生出来的概念。大战略最早由英国人提出，指"高于军事之上，运用一切国家手段实现国家目的的战略"，美国称之为国家战略。在中国研究国家战略的理论界，对国家战略尚未有统一的认定。有时可以把国家战略当作在某一个方向，国家想做的事情，比如西部大开发战略、振兴东北工业基地、上海建设具有全球影响力的科技创新中心等。还有一种理解是，国家战略是表达国家发展相关战略的最高定义，从时代与国情出发，统一国家发展的战略。这个概念与我们的"一带一路"倡议有很大关联。"一带一路"倡议是真正意义上的国家战略，是国家要运用政治、经济、外交、文化力量来实现的战略。

五、"一带一路"倡议的提出

2013年，习近平主席出访中亚和东南亚国家，先后提出共建"丝绸之路经济带""21世纪海上丝绸之路"重大倡议，得到了国际社会的认同。2015年国家发改委、外交部、商务部联合发布《推动共建丝绸之路经济带和21世纪海上丝绸之路的愿景与行动》，标志着"一带一路"倡议的正式提出。"一带一路"倡议不同于国内建设的一般计划，它是中国第一次提出要打造涵盖中亚、西亚、中东、东南亚、南亚、北非、东非等地区的超过40个国家及地区的全球最大政治经济文化共同体，辐射东亚及西欧。根据上述三部委要求，"一带一路"贯穿亚非大陆，将连接起活跃的东亚经济圈、发达的欧洲经济圈，以及中间广大腹地上经济发展潜力巨大的国家和地区。

2014年丝路基金成立，2015年亚洲基础设施投资银行成立。"一带一路"倡议涵盖了之前许多中国和周边国家已定或者拟定的经济计划中的设想，包括"中巴""孟中印缅""新亚欧大陆桥""中蒙俄""中国—中亚—西亚""中国—中南半岛"等六个"经济走廊"。从"带"的角度来讲，有一个非常大的计划叫"亚欧大陆桥"。实际上，"亚欧大陆桥"已有一座"桥"，即西伯利亚铁路。现在这条铁路自满洲里进入中国东北，然后经绥芬河出境，这是第一亚欧大陆桥。第二亚欧大陆桥经中国新疆和中亚国家进入欧洲。第三亚欧大陆桥希望通过云南昆明，经缅甸、印度、伊朗，和欧洲连接。这三条亚欧大陆桥构成了"一带一路"中的"一带"，将东亚和欧洲紧密连接起来。

第一亚欧大陆桥和第二亚欧大陆桥本来就存在，原重庆市市长黄奇帆最先提出了一个概念，叫"渝新欧"（重庆、新疆、欧洲）铁路。黄奇帆曾提到，因为产业转移，笔记本电脑生产线从广东、上海往内陆转移，全世界1/3的笔记本电脑在重庆生产。此外，还有很多其他产业转移到了重庆，比如世界上最大的卫生陶瓷生产商之一杜拉维特（Duravit）卫浴在重庆生产等。而重庆又提出建设亚洲咖啡交易中心。过去咖啡豆一般在东南亚和广东、云南等地生产和加工，现在则转移到重庆，并通过铁路运送到欧洲。

除重庆外，郑州也成为一个新的交汇点，大量铁路运输经郑州通往欧洲。义乌也通过铁路运输将小商品直接运往西班牙。截至2016年6月，中国已有20个城市的始发班列驶向欧洲。同时，2016年4月30日开通了一条绕过整个东南亚的运力，即山东的货物经铁路运输至新疆喀什，在抵达喀什后换成货车运输，直接抵达巴基斯坦瓜达尔。

铁路的运输时间是海运的1/3，价格是空运的1/5，因而陆运成了颇具竞争力的新增长点。在"一带一路"倡议的要求和指引下，各地都在积极推动欧亚之间的贸易，并且主动创新运输方式以强化两地之间的交通联系。从这个角度上讲，"一带一路"倡议包含着中国人在崛起过程中对地缘政治的丰富想象力。

六、美国对欧亚大陆地缘政治的挑战

珍珠港事件以后，1942年，美国出现了一种声音，认为美国被孤立在世界之外，是欧亚大陆之外的国家。同一年，美国地理学家、地缘政治学家尼古拉斯·斯皮克曼（Nicholas Spykman）则在《和平地理学》（The Geography of the Peace）一书中指出，"美国必须再次并永远地认识到，无论在战争还是和平时期，欧洲和亚洲出现的势力集群与美国之间都有着不可割舍的联系。""为了维持我们的安全，我们必须参与到欧洲和亚洲的政治生活之中。"

斯皮克曼的分析有两种角度：一种角度是日本跨过太平洋，可以从亚洲东面向美洲发动攻击，临近大西洋的欧洲和非洲国家对美国也是一个威胁；另一种角度是美国从西海岸出发可以直接向日本、中国，以及东南亚扩张势力，从东面出发可以越过大西洋向欧洲、非洲扩张势力。无论哪种角度，其本质都是美国要用自己的办法干预亚洲和欧洲的政治和军事活动。斯皮克曼认为，随着日本在第二次世界大战中的战败，通向大陆的海域将不再归其所有，而中国将随之成为该地区最大、最强的国家。菲律宾或缅甸能否独立自主，要看西方国家能否在这里有效地构筑自己的力量。如果美国希望维系自身的长治久安，就必须在远东获得海空军基地，最低限度应该在一些岛屿上建立基地以保护阿拉斯加州，并且在菲律宾重建力量。这也是第二次世界大战之后美国在日本驻军并与日本联盟的原因。现在，美国在亚欧大陆的两端各有一个对手：一个是欧盟，另一个是中国。

冷战时期美国的战略重点是拆散中苏关系。第二次世界大战后，美国和苏联的争斗旷日持久，从苏联解体，到北约东扩，再到2013年乌克兰事件和俄罗斯反击，都可以看成第二次世界大战以来美国在西缘的斗争。1997年，美国国家安全顾问兹比格涅夫·布热津斯基（Zbigniew Brzeziński）的著作《大棋局》（The Grand Chessboard）中提到，美国在苏联解体以后，成为世界上唯一的超级大国、世界第一大军事强国和经济强国，以及全世界经济增长的主要推动力。但是，布热津斯基预计2015年美国将失去世界霸权地位，因而需要未雨绸缪，建立符合美国利益的国家秩序。为此，美国必须防止任何一个超级大国的兴起和任何威胁美国霸权地位的反美联盟的出现。

布热津斯基在《大棋局》中写道，世界是一个非常大的棋局，下棋的一边是美国，另一边则是五个国家，分别是中国、俄罗斯、印度、法国、德国。世界上只有这五个国家想做"棋手"，站在美国的对立面。还有一类国家被称作"地缘政治支轴国"，即乌克兰、阿塞拜疆、韩国、土耳其、伊朗。这五个国家的重要性不在于力量和动机，而在于它们所处的敏感地理位置和潜在的脆弱状态，这对战略"棋手"会造成重要影响。由于这种位置，它们有时在决定某个重要"棋手"是否能进入重要地区，或在阻止其得到某种资源方面起特殊的作用。一个地缘政治支轴国，有时能成为一个重要国家或地区的防御屏障。

布热津斯基认为，在欧亚大陆的棋盘上，大国们对世界领导权的争夺之战从未停止过，美国需要考虑的是如何控制或管理好欧亚大陆，使其自身的利益得到最大化。在他的设想下，第一，从棋盘的中间地带出发，将相关国家或地区逐步并入由美国所主导的西部势力范围；第二，南部地区将不被某一个国家所主宰；第三，东部国家不会联手将美国逐出。

七、各国对"一带一路"倡议的回应

有人说"一带一路"倡议是中国版的"马歇尔计划"。事实上，中国一方面利用出口可以消化过剩产能，另一方面新兴国家也需要大量的基础设施建设，因此中国便有了"一带一路"倡议。

在"一带一路"倡议提出之前，俄罗斯曾提出一个"亚欧经济联盟"计划。"一带一路"倡议在向这片区域扩张时，俄罗斯认为中国进入了苏联加盟国的传统势力范围，所以俄罗斯非常关注中国和哈萨克斯坦、土库曼斯坦等国家之间的关系。

直至今天，印度也没有对"一带一路"倡议表态，印度在某种程度上一直对中国心怀警惕。中国曾经提出过一个倡议，建立孟加拉国、中国、印度、缅甸区域合作联盟,即"孟中印缅经济走廊"。印度是全世界经济增长最快、最有潜力的国家,但是出于对自身安全、国家习惯的考虑,以及对与中国边境领土争议等敏感问题的考量,印度至今没有真正回应。此外,中国和孟加拉国、缅甸的关系也并未有实际进展。

巴基斯坦对"一带一路"倡议持支持态度。中国的战略设想之一是建设"中巴经济走廊",从新疆喀什修建一条铁路抵达阿拉伯海。该地区海拔普遍在 4000—5000 米,虽然海拔高,但并不是崇山峻岭,而是平坦的高原,铁路修建并不难,问题在于该地区恐怖势力活跃。虽然巴基斯坦特别希望"中巴经济走廊"建成,但由于巴基斯坦和印度是政治和外交方面的"死对头",这件事必定使得南亚地缘政治发生非常大的变化。

就中国与东盟的关系而言,一方面中国在推动与东盟的合作,另一方面美国在中国南海问题上的搅局使得东盟一部分国家卷入其中。此外,中亚五国是中国西面的几个重要国家,每个国家的经济发展程度都不一样。无论是东盟国家还是中亚国家,国与国之间的政治交往风险都是中国"一带一路"倡议风险评估的重要对象。总体而言,实现"一带一路"倡议需要付出巨大的努力。

八、中美战略博弈

一直以来,美国从金融、地缘政治等角度都将中国视为最重要的对手并加以防范。对于中国而言,未来双方博弈走向的关键在于,中国如何审慎应对、巧妙周旋,保证不出失误,以赢得宝贵的战略机遇期,真正实现中华民族伟大复兴。

针对中国的崛起,以美国为首的西方国家采取三种对策:一是引导中国进入国际经济战略,将中国纳入现行国际体制之内,促使中国的经济和政治体制向西方体制转变;二是把中国排除在外,重新制定新的国际经济规则,如《跨太平洋伙伴关系协定》(Trans-Pacific Partnership Agreement)、《跨大西洋贸易与投资伙伴关系协定》(Transatlantic Trade and Investment Partnership);

三是扰乱中国的周边环境，削弱中国在亚洲地区的国际秩序影响力，如美国的"亚太再平衡战略"（The Asia-Pacific Rebalancing Strategy）。

1951年以后，美国开始用两个"岛链"遏制中国真正进入太平洋地区：第一条"岛链"从韩国经过日本到达太平洋；第二条"岛链"从日本到马里亚纳群岛。中国一直在考虑如何打破这两条"岛链"的封锁，这也在"一带一路"倡议的"一路"倡议里有所体现。目前，中国有所布局，第一，中国已承建巴基斯坦的瓜达尔港，并从新疆修建公路与其连接；第二，中国已中标缅甸皎漂港建设，启动了环评和初步地勘工作；第三，中国设想在泰国挖设运河，开发克拉地峡运河；第四，中国通过打击索马里海盗，与吉布提共和国合作护航，在红海口租建了自己的口岸，这是中国走向世界的大行动。

另外，为推进"一带一路"倡议，2006年，中国在云南计划修建泛亚铁路，第一条线路向西通往越南；第二条线路通过老挝到泰国，最后经马来西亚到达新加坡；第三条线路经云南通往缅甸。2015年8月，中国和泰国决定建设"中泰铁路"，由中国昆明到泰国曼谷，全长867公里，其中，途径老挝的铁路段被称为"中老铁路"，于2015年10月动工，并已于2021年年底通车。这是中国"一带一路"倡议中"一路"在东南亚的布局。

美国想方设法阻碍中国打破美国统治的势力范围。为维护其第一"岛链"的构想，美国提出了"重返亚太"（Return to Asian）战略。除伸手搅局东北亚外，美国还通过其南海战略阻挠中国的崛起。中国在南海建设岛礁，美国便派军舰巡航，最终由菲律宾提起诉讼并由所谓的"国际仲裁庭"进行裁决。总的来看，美国不会停止与中国博弈的战略企图，这个斗争一直在进行。

当前是中华民族伟大复兴的重要历史关头，回顾历史一定要用更加深远的目光，地缘政治学说是国际政治博弈中的重要工具。"一带一路"倡议实施的过程是中国走向世界、迎接挑战的过程，也是学习和驾驭更复杂国际关系的过程。中国希望和平崛起，更需要做好军事斗争的准备。大国崛起一定会遇到一些障碍，只有克服这些障碍，我们才能更从容地理顺和应对挑战。

第4章

如何理解政策决策的艺术

上海交通大学安泰经济与管理学院教授

何帆

中国企业家有一个共同点：非常务实，不喜欢听比较虚的话。所以，很多生意人认为，他们只需要低头赚钱，不需要理会政府的政策。过去，听宏观经济方面讲座的企业家很少，尤其在经济高速增长时期，大家都忙着赚钱。现在，在经历过国家对宏观经济的调控后，越来越多的企业家发现，国家政策与企业的关系非常密切。对宏观调控政策的理解不到位，很可能会影响企业的生死存亡。所以，越来越多的企业家想要更多地了解宏观调控政策。

要想更好地理解政策决策，我们需要用一种更平实的心态，换位思考：如果自己是一位政府官员，在做决策的时候，会做怎样的思考？

一、如何理解政府行为？

经济学家看待政府大致有三种视角：社会福利函数最大化、公共选择理论与官僚行为、利益集团绑架。

（一）乐观派：社会福利函数最大化的政府

一些经济学教科书指出，政府的目标是让社会福利函数最大化。我们可以理解为，政府会把百姓想要的东西都列入一个表格，之后根据公众的需求尽可能地去实现社会福利最大化。这是典型的经济学教科书对政府政策的理解，但实际情况往往复杂得多。

第一，个人的偏好差异很大，很难加总。资本家有资本家的利益，农民工有农民工的利益。应该如何加总呢？如果不能直接把不同的需求和偏好加总起来，那么也许可以考虑采用民主的方式来解决，即采用投票制度。但是，问题在于，以什么方式投票，以及投票生效的规则是什么——是采用超过半数票数的规则，还是超过三分之二票数的规则？假设一个社会中共有100人，其中99人投票决定要瓜分第100人的财产，那么，这种投票结果应该生效吗？

此外，如果投票原则是必须取得一致同意，那么很多事情将无法实现。例如，世界贸易组织（World Trade Orgnization，WTO）的投票规则是一致同意原则，即只要有一个国家投出反对票，那么无论该谈判已洽谈了多长时间，都无法通过。在一致同意的规则下，很多事情将难以被推进。可见，仅凭投票制度没有办法求出社会福利函数的最优解。

第二，即便退一步，假设可以求出社会福利函数的最优解，那么政府真的有能力实现社会福利函数最大化吗？人们通常认为政府了解一切信息，但实际情况并非如此。政府确实比普通群众掌握的信息更多一些，但依然无法掌握全部信息，信息在层层传输过程中还存在被扭曲的情况。很多人小时候玩过"传话游戏"：你悄悄地对旁边的人说一句话，然后他再悄悄地传给旁边的人，等到消息传到最后一个人的时候，这句话往往已经完全变了。同理，随着政治层级体系的增多，信息在传递过程中的流失和扭曲的概率也会越来越大。政府无法改变信息的不完全性和局限性，政府并非全知全能的。

（二）"腹黑"派：公共选择理论与官僚行为

这一派经济学家认为，政府官员主要谋求个人利益。其中，公共选择理论主要用于分析官僚行为。

公共选择理论假定，政府官员不是以社会福利函数最大化为目标，而是以个人或所在部门的收益最大化为目标。比如，一位教育部部长提出的方案是要加强教育支出；假如这位教育部部长不久后调任卫生部部长，他可能又会认为比教育更重要的是健康；假如他再调到能源等相关部门，他可能又会认为石油才是根本的国家利益。这些思维的背后并不一定是个人利益，但是决策者站在自己的角度上，通常都会认为自己所做的工作比其他工作更为重要。

此外，对于政府官员而言，随着他们所在部门的预算增多，他们能够雇佣的人和调动的资源也更多，从而个人得到的满足感也会更大。

（三）利益集团绑架论

以芝加哥大学教授乔治·斯蒂格勒（George Stigler）为代表的经济学家们认为，政策都是被利益集团绑架的。比如，行医需要医生资格证、做律师必须考取律师执照，这些政策的出台并不是出于公共利益，而是为了保护一些被管制的行业。这一派经济学家认为，政策本质上是为了保护被管制的行业中的从业者，因为管制往往会带来一定程度的垄断，使得现有利益集团赚钱更加容易。

二、政府决策中的多重复杂因素

上述三种理解政府行为的视角都有一定道理，但仍然不是现实世界中理解政府行为的全部。现实中的政府决策行为非常复杂，会受到很多因素的影响，常见的有大众福利与共容利益、心理因素、决策约束、领导人的性格、过往经历、团体决策机制，以及政治因素等。

（一）大众福利与共容利益

在做决策的过程中，政府官员并不是只追求自己的私利，很多现实因素会促使他们关心大众福利，这是因为官员与大众会有共容利益。

虽然我们认为人都是自私的，但再自私的父母也会保护他们的子女，因为子女的利益往往会被共容到父母的利益中。同样，一个城市的市长会关心市民的利益，是因为市民的福利会被共容到他自己的福利函数中。当然，福利函数还存在权重差异的问题。如果是一位好市长，市民利益在他的福利函数中的权重就会比较高；如果是一位比较自私的市长，市民利益在他的福利函数中的权重则会比较低。但是，市民利益总会在市长的福利函数中有所反映，这就是一种共容利益。

（二）心理因素

世界上存在很多无法用理性和利益解释清楚的事情，比如，一个人可能会做出与自己利益完全相反的决策。在遇到这种情况的时候，我们需要考虑心理因素的影响。经济学教科书中提到，人是理性的，每个人都能理性地处理他所得到的全部信息，并做出最明智的判断，但实际情况并非如此。例如，"双十一"之后，面对快递员送过来的很多商品，你可能突然会想：我为什么要买这些？这是因为我们在做决策时，很多时候都是下意识地做出了判断。

再例如，在美国大选中，一些百姓会投票给有可能损害其利益的候选人。在唐纳德·特朗普（Donald Trump）竞选美国总统时，很多工人投票给他。但是，共和党主张反对工会，民主党主张支持工会，而工人受到工会的保护。仅仅从经济利益的角度，很难解释为什么会有这么多工人投票给来自共和党的特朗普。

从本质上讲，人是非理性的。在人生的每一个环节，人都可能犯错误，小到买东西，大到挑选配偶、选择职业等。这是因为心理因素会影响一个人的判断和选择。心理学家丹尼尔·卡尼曼（Daniel Kahneman）在其著作《思考，快与慢》（Thinking, Fast and Slow）中提到，人的大脑装有两套系统：一套系统用于迅速地通过本能做出判断；另外一套系统用于慢慢思考。

大多数情况下，人会启动第一套系统，依靠本能做出选择和判断，所以生活中会出现一些非理性的行为和决策。行为经济学家和行为心理学家在研究个人决策的影响因素时发现，心理因素会影响我们的记忆、判断和决策。当然，政府决策也会受到心理因素的影响。

(三)决策约束

"丁伯根法则"是关于国家经济调节政策和经济调节目标之间关系的法则,其基本内容是:政策工具或控制变量的数量至少要等于目标变量的数量。例如,如果有两个政策目标,那么至少需要有两个政策工具。但实际情况通常是相反的。现实中有很多政策目标,但能用的政策工具却很少,这就不满足决策的约束条件。因此,即使我们承认政府要实现目标函数最大化,也不能只从目标函数看政府的决策。经济学家在解释政策的时候,往往只看到了目标函数,而忽略了约束条件。

第一是财政资源约束。如果不考虑预算,政策本身可以很好,例如免费医疗、免费教育、政府养老等。但问题是所有目标的实现都需要资金投入,因此在很多时候,财政资源是第一个硬性的约束条件。

第二是人力资源约束。一项政策的实施还要考虑是否有足够的干部资源和人力资源去执行。在政策的决策中,往往干部资源比政策设计更重要。

很多学者认为,中国在建国之后实行计划经济体制是在学习苏联,其实并不是这么简单。按照林毅夫教授的解释,在一个资本稀缺的国家发展资本密集型重工业,实现赶超战略,只能以集体经济的模式推进。另外,新中国成立后,最大的干部储备是军人。军人的特质是忠诚、服从命令且执行力强。在这种人力资源约束下,我们也很难发展市场经济。

第三是群众基础的约束。美国前总统富兰克林·罗斯福(Franklin Roosevelt)有一句名言,大意是做领导最害怕的事情是自己在前面跑,后方却没有一个人跟上。这时候,即便政策决策的方向正确,但如果速度错了,也会失去群众基础,而没有群众基础的决策一定会以失败告终。

再以2016年美国总统大选为例,希拉里·克林顿(Hillary Clinton)失败的一个重要原因就是没有群众基础。

希拉里强调的是自由主义,或者更类似于进步主义。她关心穷人、黑人、印第安人和同性恋者的权益,还关心非洲没有吃饱饭的孩子的权益,甚至是流浪猫的权益。总之,希拉里关心的是弱势群体的权益。虽然这具有高尚的道德，但是，人们有时更注重权威，有时更强调传统，有时更注重服从，有时更强调秩序。所有这些都是道德的组成部分。

比如，可以将"自由主义"视为一位善于用盐调味的厨师，虽然厨师可以使用很多种盐，如海盐、湖盐、岩盐等，但它们能提供的只是不同的咸味，没有酸甜苦辣。相比较而言，"保守主义"这位厨师尽管厨艺不高，但调料很多。就像特朗普，尽管他的"厨艺"并不高超，但他的调料很多，能满足很多人更复杂的口味，能吸引更为广泛的群众基础。

第四是国际政治约束。有时，一些国内政策的出台是为了考虑其他利益而做的平衡选择。

哥伦比亚大学教授贾格迪什·巴格沃蒂（Jagdish Bhagwati）在《贸易保护主义》（Protectionism）一书中提出了一个关于政策研究的"3I"框架：

第一个 I 是 Interest（利益）：经济利益会影响政策决策。

第二个 I 是 Ideology（意识形态）：相信什么会影响政策决策。

例如，英国一度支持单方面自由贸易，即使他国对英国提高关税，英国也仍要降低对对方的关税。这是因为那时候英国的经济比较繁荣，当经济高速增长的时候，人会变得更乐观、更开放、更愿意帮助别人、更愿意支持自由贸易，这就是意识形态。现在欧美国家实行贸易保护主义，是因为经济低迷让欧美人民感到恐慌，他们认为中国人抢走了他们的工作机会，这也是一种意识形态。

如今，很多国家反对全球化，中国仍然站出来支持全球化，因为中国从加入 WTO 中得到了巨大利益。在加入 WTO 之前，中国也很恐慌，很多中国企业担心外国企业的入驻会影响其竞争力，政府内部也意见不一。但是加入 WTO 后，中国企业家学会了"与狼共舞"，在竞争中提升了企业的竞争力。现在的情况是，中国企业变成了他人眼中的"狼"，这就使得中国整体的意识形态更偏向全球化。在中国，无论是政府官员、知识分子，还是普通民众，对全球化持积极看法的比例明显要高于美国和欧洲。

第三个 I 是 Institution（制度）：制度影响决策。

制度是权力的分配，而权力的分配会影响决策。不同的制度体系和权力分配，会出现不同的国家决策。例如，在美国，如果把贸易谈判的权力更多地分配给行政部门，那么行政部门会更愿意推动自由贸易；如果把贸易谈判的权力更多地给予总统，那么总统也会更愿意推动与其他国家的贸易协定，既可能是自由贸易，也可能是限制贸易；但是如果把贸易谈判的权力更多地分配给国会，那么自由贸易的政策可能无法通过，因为国会更多考虑选区内选民的利益，而不是整个国家的利益。

（四）领导人的性格

政府在做抉择的时候还会受到领导人性格的影响。领导人的性格是理解政治决策的重要维度。

一般来说，一个人的性格不会因为其职位的变化而发生太大的变化，比如特朗普。有人认为特朗普是一个商人，可以与他讲道理、谈判，只要给他好处，他就会与你合作。但这个判断过于简单。事实上，特朗普的性格很奇怪，不能简单地将他理解为一个商人。从特朗普的性格和过去的行为来看，他很可能会理性地做出非理性的决策和行为。他的性格和行为方式不会因为他成为总统而发生太大的改变。我们一度认为特朗普实在是太难应付了。我思来想去，还真找到一个最适合对付特朗普的人，那就是韦小宝。韦小宝的行事风格是：如果你耍无赖，那么我也耍无赖；如果你要跟我合作，那么我也跟你合作。

总之，理解人的性格非常重要，这就好比做风险投资不能只看财务报表，还要看领导团队。很多时候人看对了，项目也就可以做。领导人的性格是不会变的，性格决定命运，性格决定政策。

（五）过往经历

过往经历是影响政策的关键因素。中国历史上曾经历多次大饥荒，因此粮食安全历来被认为是非常重要的国家战略。即使现在澳大利亚、美国、加拿大等国家都有很多农场，中国可以大量进口粮食，但粮食安全问题，特别是主粮基本自给自足的战略安排，仍然处于重要位置。

再比如，德国曾在魏玛时期出现恶性通货膨胀，导致德国被一分为二。因此，2011年，在欧洲经济刚从欧债危机中得到恢复、通货膨胀水平略有上升时，欧洲中央银行就慌忙收紧货币政策，而不顾出口和就业数据没有显著好转的事实，结果直接造成经济的二次探底。

同理，为什么美联储能够在2008年金融危机爆发时第一时间出手？这是因为1929年美国曾遭遇经济危机。2008年，时任美联储主席的本·伯南克（Ben Bernanke）通过研究1929年大萧条后得出的基本结论是：当时美联储出手不够果断，力度不够大。所以，2008年再碰到金融危机的时候，美联储就能够快速行动和应对。

很多决策与经历密切相关。即便个人没有亲身经历，所在团队、公司，或者国家经历过的事情，也会对我们的决策产生很大的影响。

（六）团体决策机制

小团体往往在决策中发挥着最重要的作用。但问题在于，如果团队不团结，那么效率就不高；一旦团队团结起来，效率提升了，就难以听到不同的意见。

团队团结起来可能还是会犯愚蠢的错误。1961年，时任美国总统的约翰·肯尼迪（John Kennedy）和他身边的顾问团队都很聪明，但一群聪明人却做了一件愚蠢的事情：当对古巴采取军事行动时，肯尼迪明确决定不直接派遣美军，而征召了一支由古巴流亡者组成的军队。美国中央情报局（下称"中情局"）认为，只要有一个古巴流亡者过去，就会点燃古巴人民革命的浪潮，星星之火可以燎原，人民群众就会推翻菲德尔·卡斯特罗（Fidel Castro）的统治。中情局还认为卡斯特罗的部队不经打。但事实上，大部分古巴人是支持卡斯特罗的，而且卡斯特罗的部队战斗力很强。古巴流亡者刚登陆，就被2万人包围，后方还有20万人的后备部队。在最保守的撤退方案里，古巴流亡者组成的军队可以后退到山中打游击。但实际情况是，由于登陆点发生了变化，新登陆点和原计划撤退的地点间隔很远，中间是热带雨林和沼泽，古巴流亡者无法按计划撤退。随便翻开一本世界地图，就会发现这个问题。可是，没有一个人去看古巴地图，因为这个团队太团结，太相信彼此，所以看不到视野之外的不同方案。

（七）政治因素

政策的背后是政治。政治中的一些部分可能是我们不太能理解的，但并不意味着它们是错误的，有可能只是我们理解得太少。有时候我们认为政府愚蠢，但可能只是因为我们还不够聪明，没有理解其政策的深意。

例如，外国人看党的十八大报告会感觉很费解，认为报告没有什么新意。实际上读懂党的十八大报告的前提是熟读党的十七大报告。如果不了解党的十七大报告，就不可能读懂党的十八大报告。

有时候，无法看到领导的偏好，反而有助于你把事情做到最好。这是一个选拔机制。经济学里有一个非常流行的观点，一些经济学家认为地方政府间的竞争在一定程度上会推动经济增长，因为地方干部的升迁考核与GDP增长密切相关。事实上，我国在考核干部时并非如此，并不是只看GDP增长的快慢。上级领导的偏好和干部选拔的标准有很多，也就意味着干部选拔没有明确的标准与偏好，而这会让大家去做各种各样不同的事情。

政治中还有一个重要原则，就是忠诚。这点与谈恋爱很相似。一个女孩可能突然对男孩提出无理的要求，并以此来检测他是否真心。外人看起来这些要求可能真的很无理，但那是因为他们不在这段恋爱的过程中。

政府官员的情商和智商都很高，他们制定的很多政策很微妙，不好理解。当看不懂或者不能理解一些政策时，学习中共党史可能会提供一个好的角度和方法。我们学习党史，就像了解一个人的成长史一样，了解他的过往经历，然后回头再看不理解的东西，就会慢慢理解了。

当你能够更好地理解政策的时候，你的心态也会变得更好。世界银行原首席经济学家考希克·巴苏（Kaushik Basu）曾在书中描述他在印度做政府顾问的经历。其中有这样一个细节，他从美国回到印度之后，印度财政部派车去接他，他上车之后依照习惯系上安全带，司机却说，您可以不用系安全带了，因为您现在已经是政府官员了。他当时感到周围的印度人的文化认知与他的大相径庭，自己如何在本地做官员呢？不过他后来想到，人类学家布罗尼斯拉夫·马林诺夫斯基（Bronislaw Malinowski）能够在热带雨林里待上三年，观察奇奇怪怪的原始部落人的行为，那么他也可以把自己当作马林诺夫斯基，观察一下眼前的"特殊部落"的情况。

我们可以保持一个良好的心态，把自己原有的一些东西放下，然后像试图理解一个复杂的人物性格一样，去理解政策和政治。这是一种非常强的能力，它能让你做到即使不理解对方的行为、不赞同对方的道理，但仍然能够换位思考，切身站在对方的位置去思考。如果仅仅是站在自己的角度思考，将不了解、不喜欢、反对的事情简单归结为荒谬和无理，那么这其实是一种偏见。

总而言之，对政策决策的理解，归根结底是对人、人性、自己的理解。这就是王家卫导演的电影《一代宗师》里的那句经典台词——"见天地、见众生、见自己"——所表达的深意。人性从来都不是只有黑色和白色，而是在很复杂的灰色地带。我们只有不断提高自己理解各种不同"灰度"的能力，才能更好地理解政策。

经济之源

第5章

从货币的起源看货币的本质及东西方社会的不同演化路径

复旦大学经济学院教授

韦森

随着中国和世界各国经济越来越市场化，我们越来越生活在一个无形的货币世界之中。

然而，却少有人能够弄清楚什么是货币、货币是如何产生的，以及货币是如何影响经济社会的发展和每个人的生活的。即便是经济学博士、经济学家，或者专门教授货币经济学的教授，面对这些问题，也往往满头雾水。那么，环顾世界，谁真正弄懂了这些问题呢？

在《金融炼金术的终结：货币、银行和全球经济的未来》(*The End of Alchemy: Money, Banking, and the Future of the Global Economy*)一书的导言中，曾任英格兰银行首席经济学家超过25年、任英格兰银行行长超过10年，并担任美国纽约大学和伦敦政治经济学院经济学教授的货币经济学家默文·金（Mervyn King）讲了这样一个故事。2011年访问北京期间，他曾在钓鱼台国宾馆与一位中国人民银行官员聊天。这位官员直言不讳地对他说："我并不认为你们已经完全弄懂了货币和银行的运作机制。"这句话显然深深地刺痛了他，他在这本书的导言的注脚中也悻悻地说：他不用说我也知道，中国同样也没有彻底弄懂货币和银行是如何运作的。

如果连大国中央银行的官员们都尚未弄清楚货币的本质和银行的运作机制，那么世界上就很难有人敢说自己真正弄清楚了它们。

一、什么是货币？

（一）经济学家们如何谈货币？

在经济思想史上，从英国古典哲学家约翰·洛克（John Locke）、大卫·休谟（David Hume），古典经济学家亚当·斯密（Adam Smith）、大卫·李嘉图（David Ricardo），到美国经济学家欧文·费雪（Irving Fisher）、英国经济学家阿瑟·庇古（Arthur Pigou），再到宏观经济学的奠基人约翰·凯恩斯（John Keynes），以及到当代货币主义大经济学家米尔顿·弗里德曼（Milton Freedman）和当代主流经济学泰斗肯尼斯·阿罗（Kenneth Arrow）等，都曾对货币有过许多论述。

理解了货币的本质和货币在经济增长和市场均衡中的作用，就大致理解了经济学的基本问题。反过来，可能正是因为经济学家们在什么是货币、货币在经济运行中的作用及其与实体经济总量的关系等问题上莫衷一是，才衍生出了经济学说史上和当代经济学中林林总总的门派和思想体系。

1. 货币金属论与货币名目论

从经济思想史来看，学者一般认为，对货币本质的把握有两条思路：一是货币金属论（Mentalism），二是货币名目论（Chartalism）。

货币金属论又称金属主义的货币论，强调货币的价值尺度、贮藏手段等职能，将货币与充作货币的足值金银等同为一。该理论认为，货币是一种商品，货币必须具有实质价值，其价值由贵金属的价值所决定，即货币的本质是贵金属。

货币名目论，又叫货币工具论，是从货币的关键职能交换媒介和支付手段等角度认识货币。货币名目论将交换媒介和支付手段视为同一种功能，但实际上二者是有区别的。货币名目论完全否定货币的商品性和价值性，认为货币不是财富，主张货币只是一个符号、一种票证，是名目上的存在，是便利交换的技术工具。

2. 商品货币观和货币债务起源说

新近的货币理论提出了不同的划分方法，其基本看法是货币问题不再是"金属论"与"名目论"之争，而是"商品货币观"和"货币债务起源说"之差，认为货币的本质是信用、是债，而不再将货币当作贵金属。这样的区分是一种进步，但也存在一定问题。

传统的货币金属论对货币本质的把握是一种商品货币观，认为物物交换导致货币商品作为一般等价物出现，这种观点又被称为货币自发起源说。目前大部分主流货币经济学教科书都持此观点，这也是被约翰·洛克、亚当·斯密、阿尔弗雷德·马歇尔（Alfred Marshall）、欧文·费雪、米尔顿·弗里德曼、保罗·萨缪尔森（Paul Samuelson）等绝大多数经济学家所认同的传统理论。

货币名目论起源于13世纪的神学家和哲学家托马斯·阿奎那（Thomas Aquinas），发展于19世纪苏格兰的货币经济学家亨利·迈克劳德（Henry MacLeod）。后来白芝浩（Walter Bagehot）创作了《隆巴第街》（*Lombard Street*），约翰·凯恩斯和约瑟夫·熊彼特（Joseph Schumpeter）、大卫·格雷伯（David Graeber）、菲力克斯·马汀（Felix Martin）等进一步发展了货物债务起源说。

3. 货币债务起源说存在的问题

1695年12月，英国新任财政大臣威廉·朗兹（William Lowndes）发表了一篇货币改革报告，约翰·洛克在评论该报告中关于"要不要铸造足够分量的银币"时曾指出："银是全世界开化地区与贸易地区所有商业活动中的工具与度量……商业活动是靠银来度量的，这也是对银的内在价值的度量。"但在现代社会，这个问题是非常复杂的，比如目前中国的广义货币多于美国，GDP却少于美国，很难度量哪个国家的货币更多。

亚当·斯密在《国富论》[①]第2篇第2章中讲到，货币是流通的大转轮，是商业的大工具。像贸易等其他工具一样，虽然货币是资本的一部分，并且是极有价

---

① 全称为《国民财富的性质和原因的研究》（*An Inquiry into the Nature and Causes of the Wealth of Nations*）。

值的一部分，但它本身不是社会收入的一部分。把收入分配给应得收入的人，固然依靠构成货币的金属块，但这些金属块本身并不是社会收入的一部分。

1776年前后，英国基本上用黄金或银铸币，纸币到19世纪才出现。这些金属块被称作"称量金"或"称量银"，但亚当·斯密认为这不是社会收入的一部分。亚当·斯密是否错了？货币是不是财富？货币只是社会财富的镜像和衡量手段吗？这些都是深不可测的问题。

在《政治经济学批判》[1]中，卡尔·马克思（Karl Marx）指出，金银天然不是货币，但货币天然是金银。在《资本论》第1卷中，卡尔·马克思提到，作为价值尺度并以自身或通过代表作为流通手段来执行职能的商品，是货币，因此，金（银）是货币。在《资本论》第1卷第3章，卡尔·马克思指出，从表面上看货币是"物"，货币形式体现的是物与物的关系，但其背后隐藏的是一定的社会生产关系。过去我们认为正确的思想，现在是否还认为是正确的？1973年后，美元与黄金脱钩，金银的价格要用美元来衡量。金银与美元，哪个才是真正的货币？今天，白银更像是一种投资品。

约翰·凯恩斯是货币经济学家，他一生最重要的著作是"三论"：《货币改革论》《货币论》和《就业、利息和货币通论》[2]。近些年来读的经济学著作越多，我就越觉得凯恩斯伟大。在《货币论》的第1卷，凯恩斯提出了"债务货币观"：记账货币（money of account）是表示债务、物价与一般购买力的货币。关于"记账货币"，凯恩斯的表述是"money of account"，他说，货币不仅仅是金是银，更是记账货币。不但在20世纪30年代是如此，在今天更是如此。从货币诞生那天起，记账货币就是货币的一个主要的存在形式，但是在过去的教科书里，几乎都忽视了这个概念。

理解了记账货币，才知道什么是货币和货币的本质。甚至在古罗马时期，人们就已经在用记账货币了，只是最后清算交割的时候，零头才用现金支付，或用金银，或用铜币。凯恩斯的短短三段话背后蕴含着深刻的道理，非常值

---

[1] 中共中央编译局. 马克思恩格斯全集：第13卷 [M]. 北京：人民出版社，1962.
[2] 《货币改革论》（*A Tract on Monetary Reform*）、《货币论》（*A Treatise on Money*）、《就业、利息和货币通论》（*The General Theory of Employment, Interest and Money*，简称《通论》）。

得仔细琢磨。

约瑟夫·熊彼特主要研究企业家理论、经济发展理论等。他指出，货币的"本质"并不在于其可发现的任何外在形式，如一种商品、纸币或其他任何东西，而在于稳定地转移支撑经济交易的信用和债务。熊彼特让我们看到了货币的本质。

（二）当代主流经济学家对货币的认识

对于货币到底是什么，卡尔·马克思和一些当代主流经济学家均认为货币是一种社会关系，而米尔顿·弗里德曼和新凯恩斯主义的明星经济学家、哈佛大学教授格里高利·曼昆（Gregory Mankiw）却认为，货币是经济中人们经常用于购买其他人的物品与劳务的一组资产。

弗里德曼和曼昆的这一界定似乎很现代、很时髦，也很到位，但如果从哲学本体论的角度去思考问题，就会发现这种定义存在很多问题。最主要的问题是，它使用了一个更难去定义的概念去定义一个本来就很复杂的概念。如果说货币是一种资产，那么什么是资产？如果不说明和弄清什么是资产，对货币的定义就没有实际内涵。对此继续思考下去，就通向路德维希·维特根斯坦（Ludwig Wittgenstein）、约翰·奥斯汀（John Austin）、吉尔伯特·赖尔（Gilbert Ryle）、彼得·斯特劳森（Peter Strawson）、迈克尔·达米特（Michael Dummett）、约翰·塞尔（John Searle）、索尔·克里普克（Saul Kripke）等哲学家所关注的核心问题了：我们必须用词来界定词，用语言来解释语言。

19世纪英国经济学家亨利·迈克劳德认为，货币和信用本质上是相同的，货币只是最高和最普遍的信用形式。在亨利·迈克劳德所著的《政治经济学原理》（Elements of Political Economy）中，他说，货币的基本用途是衡量和记录债务，并促使它从一个人的手中转移到另一个人的手中。只要是为了这个目的，不管采取任何手段，也不管它是金、银、纸币或其他，它就是一种货币。因此，我们可以确定以下基础性概念：货币和可转让债务是可以互用的两个词；任何代表可转让债务的东西都是货币；货币可以由任何材料构成，它代表的是可转让债务，并且只代表这种东西。在货币债务起源说中，货币只代表可转让债务。

奥地利经济学派创始人卡尔·门格尔（Carl Menger）之子小卡尔·门格尔（Karl Menger）将货币视为一种社会制度（Social Institution）。之后詹姆斯·托宾（James Tobin）把货币视为一种社会惯例（Social Convention）和社会制度。他认为，在几乎每个有记载的人类社会惯例中，均涉及货币的使用，货币是某种特定商品、价值计量符号（Tokens as Measures of Value）和经济交易中的交换媒介；货币作为一种社会制度具有普遍性，其原因在于它能使贸易便利化。托宾在为《新帕尔格雷夫经济学大词典》（The New Palgrave Dictionary of Economics）所撰写的条目中，提出货币有三种职能：一是计账或计价单位（unit of account, or numéraire）；二是支付手段（means of payment）或交易媒介（medium of exchange）；三是价值贮藏（store of value）。

（三）债务货币观：来自考古学研究的证明

一些新近的考古学的证据发现，人类早期社会中根本不存在"物物交换经济"（尽管物物交换在任何社会中都或多或少地出现）。在古苏美尔人那里，有借贷关系，有利息，却还没有发现市场交易的记录。在古巴比伦，《汉穆拉比法典》中有许多关于债务和支付的法律规定，明确规定了雇人需要每年给多少玉米，或者多少银两，这更多是一种实物支付。当然被支付了银两之后，如果雇工又去交换其他物品，这时候，银两就是实际意义上的"货币"了。但许多考古学的研究发现，古代社会的雇工在拿到银两之后并没有用于交换和买东西，银两又回到了神庙中。如果把这些银两视为某种原始货币，那么这恰恰意味着货币起源于"债"，而不是商品交换。

（四）货币的本质：债务支付契约

最新的理论发现，货币源于债，本质上是一种信用和支付承诺，用现代制度经济学的话来说是一种"债务支付契约"。

但货币没有一个固定的数量。从古至今，政府通过铸币和增加货币供给来扩张货币的数量，实际上是向整个社会征税，以及发放一种不用还款兑现的债。在现代商业银行制度中，商业银行内生地创造货币；在金融危机期间，随着企业的破产和银行的倒闭，货币又被大量消灭；在当代金融体系中，证券和各种金融机构又不断扩大货币的数量。

英格兰银行成立后，其核心理念是把国王和王室成员的私人债务转化为国家的永久债务，以全民税收做抵押，由英格兰银行来发行基于政府债务的国家货币。这个设计把国家货币的发行和永久国债绑定在一起。要新增货币就必须增加国债，而还清国债就等于摧毁了国家货币制度。这更彰显了货币的债务本质。纸币的发行并不意味着金币和金条不再重要了，因为在当时金本位制下，英国货币是用含金量来确定价值的。

货币是用来清偿债务的工具，这一点，也在美国的货币制度上有所体现。例如，美元的正面写着：这张纸币是清偿债务的法定货币（This Note is Legal Tender for all Debts），反面写着：以我们相信的上帝的名义（In God We Trust），意指以上帝的名义发行，并非乱发。从英镑、美元这两种最流行的货币中，我们可以看出，货币是清偿债务的一种手段。

（五）从货币的职能看货币的本质

我们要弄清楚什么是货币，并非易事。要把握货币的本质，需要从货币的职能来看。但是，关于货币职能的划分争论很大。卡尔·马克思在《资本论》中介绍了今天我们非常熟悉的货币的五大职能：价值尺度、流通手段、贮藏手段、支付手段和世界货币。格里高利·曼昆的《经济学原理》（The Principles of Economics）和劳伦斯·哈里斯（Lawrence Harris）的《货币理论》（Monetary Theory）中划分了货币的三种职能：交换媒介、计价单位和价值贮藏。对比来看，不同经济学家对货币职能的理解既有差异，也有重合之处。

货币史大家、哈佛大学华人讲座教授杨联陞著有《中国货币史》。他认为，货币具有两种主要职能：交换的媒介和支付的手段。有时候，这两种职能会被认为是同一种职能。但是，如果我们把第一种职能限定为纯粹交换的媒介，把第二种职能限定为对诸如税负之类等其他方面的支付，那么这两者之间还是可以区分的。循着中国货币史，杨联陞已经发现了区分二者的重要性，因为这两种职能不是在同等程度上发展的。

受杨联陞观点的启发，我认为可以把货币的职能分为四种：计价和记账单位、交换媒介、支付手段，以及价值贮藏。在古代社会，货币主要是作为支付手段，其次是作为交易媒介。

（六）货币作为支付手段和交易媒介在历史上的交替作用

从大范围的世界货币制度史来看，在人类社会的远古时期，货币最多是作为一种支付手段，具体用于偿债、罚款、赠予，以及国王与大臣之间的"薪饷"支付，故有现在流行的货币债务起源说。铸币出现之后，在有限的市场经济发展阶段，货币作为交换媒介起着重要作用，以至于古典经济学家，尤其是奥地利学派经济学家路德维希·冯·米塞斯（Ludwig von Mises）相信，交换媒介是货币的唯一功能，其他功能均是从这一功能上衍生出来的。

但是，我们仔细想一下，在金融市场高度发达的现代社会中，货币在工资发放、纳税、投资等方面起着更大的作用，而用在商品和劳务交易的比例则相对少了。由此也可以说，货币的支付手段职能占据了主导地位。一个经济体越货币化，金融和投资市场越发达，人均GDP越高，货币作为支付手段和价值贮藏的职能便越重要。

二、从货币的起源看货币的本质

（一）人类社会最早的货币起源

在《人类货币史》（*The Evolution of Money*）这本书中，大卫·欧瑞尔（David Orrell）和罗曼·克鲁帕提（Roman Chlupatý）指出，货币是人类最早的发明之一，其历史和文字的历史一样久远，而且二者密切相关。他们还认为，货币和文字都是用符号描述世界的方式，二者均为沟通工具，因而从根本上具有社会性，并且在个人与国家的关系中处于中心地位。两位作者还举例道，现存最早的文字制品是5000多年前美索不达米亚地区的苏美尔社会用于记录粮食库存的泥版，因而他们认为，美索不达米亚最早的楔形文字也记录了"货币"在人类社会最早的使用。当时的"货币"，主要是"称量银"，使用的单位是谢克尔（shekel，1谢克尔约为8.3克）和迈纳（mina，1迈纳约为500克，古苏美人用60进制，即1迈纳约为60谢克尔，正好约等于中国的1斤）。

从有文字记载的早期人类社会历史来看，在公元前3000年至公元前2500年间，两河流域的苏美尔人、阿卡德人相继建立了一些城市国家，这些早期国家已经有自己的首脑、长老议事会和诉讼机构，具备了国家的基本特征，并制定了管理国家和社会的法律。据历史记载，在公元前3000年左右，曾出现了用楔形文字记载的零星的法律规范，如禁止欺骗、偷盗等规定。约公元前21世纪末，乌尔纳姆创建了乌尔第三王朝，统一了两河流域南部，实行中央集权统治，国王集军事、行政和司法大权于一身。为了统治和管理社会的需要，乌尔纳姆国王颁布了《乌尔纳姆法典》。该法典用楔形文字写成，其内容已涉及人身损害与赔偿、婚姻、家庭和继承、通奸、奴隶管理和刑罚、农业耕作，以及土地管理、赔偿和荒耕罚款等一系列法律条文规定，其中也有人类最早使用"货币"的一些记录。

目前破译的破损较严重的《乌尔纳姆法典》的主要内容是对奴隶制度、婚姻、家庭、继承、刑罚等方面的规定。例如，若有人绑架了别人，应该入狱并支付15迈纳白银；若一个男人第一次离婚，要支付他的妻子1迈纳白银，若第二次离婚，则应当支付1/2迈纳白银；强暴自己的女奴者，将被课以5谢克尔白银罚金；在打架斗殴中斩断了别人的一只脚，要赔偿10谢克尔白银；用铜刀切了别人的鼻子，要赔偿2/3迈纳白银等。

根据这些法律条文规定和文字记录，货币史学家均认为，白银应该是苏美尔人社会的"货币"。另外从《乌尔纳姆法典》中的最后几条法律规定来看，早期的苏美尔人也用大麦来赔偿与农业有关的民事侵权行为和支付罚金。根据这两个条款，也有货币史学家认为，大麦也是早期苏美尔社会中的"货币"。

（二）白银在苏美尔人早期社会中主要作为支付手段来使用

从《乌尔纳姆法典》的这些规定来看，白银和大麦在早期苏美尔人那里还主要被作为支付手段来使用,并没有被作为交换媒介来使用。英国货币史学家凯瑟琳·伊格尔顿(Catherine Eagleton)和乔纳森·威廉姆斯(Jonathan Williams)根据在大英博物馆存放的一些早期的泥版史料也发现,在早期生活在美索不达米亚地区的苏美尔人社会中,已经有了非常发达的借贷关系,并且神庙在借贷关系中起着非常重要的作用。而白银是主要的偿债支付手段。这也为货币债务起源说提供了一种佐证。另外,早期世界历史和货币史的研究均发现,神庙在苏美尔人社会的"货币"流通中起到非常重要的作用。

根据这些远古的陶筹和泥版上文字契约和法律条文的记载,欧瑞尔和克鲁帕提认为:苏美尔的"社会"体制既不依赖物物交换,也不依赖广泛流通的铸币,相反,"最好将其形容为一种以复杂的债务网络为基础、以类似临时凭证的虚拟货币为表现形式的系统……楔形文字以可交易的形式表达这种债务,我们认为它是一种实物货币,但在严格意义上,虚拟银才是真正的货币,虚拟银好比当今大行其道的看不见、摸不着的电子货币,但在经济活动中发挥着重要作用。"①

从现有已经发掘和解读出来的古代苏美尔社会的陶筹、泥版和刻在岩柱上的法典中,我们知道白银在苏美尔社会中确实具有支付、记账和债务清偿的功能。但是,在苏美尔社会中,白银是否也曾作为市场交易中的一般商品等价物?从目前的世界史前史文献中,我们还不能确认这一点。这实际上涉及一系列货币理论的根本性问题:货币与市场的关系如何?货币与市场商品交换是否同时产生并同在?货币作为一种计价标准和支付手段,是否比市场交换出现得更早?这些问题实际上涉及如何理解货币的本质和货币自发生成观。

在《埃什南纳法令》中,我们能发现白银作为交换媒介和计价手段在发生作用:从该法令的文字中,人们发现了白银在古代苏美尔社会中与其他物品的比价。《埃什南纳法令》的制定时间,应该在《乌尔纳姆法典》(制定时间为乌尔第三王朝创始人乌尔纳姆执政时期,约公元前2113年至公元前2096年间)与《汉穆拉比法典》(制定时间为古巴比伦国王汉穆拉比在位时期,约

---

① 欧瑞尔,克鲁帕提. 人类货币史[M]. 朱婧,译. 北京:中信出版社,2017.

公元前 1792 年至公元前 1750 年）之间。据一些二手资料可知，在《埃什南纳法令》中，曾规定 1 谢克尔白银相当于 12 塞拉（sila）油、15 塞拉猪油、300 塞拉草木灰、600 塞拉盐、600 塞拉大麦等。从这一法令可知，1 谢克尔白银可以购买 180 谢克尔铜或 360 谢克尔羊毛。一个劳工一个月的劳动报酬是 1 谢克尔白银，而租赁一辆牛车（包括牛和车夫）一整天需要花费 1/3 谢克尔白银。在乌尔纳姆王朝与汉穆拉比王朝之间，白银作为市场交易（包括劳动力市场的交易）的一般等价物已经发展起来了。也就是说，白银作为一种早期货币，其职能已经基本健全了。

（三）金银在古埃及的使用情况

就目前的考古研究文献来看，埃及也使用黄金和白银作为交易手段。但是，一些研究发现，古埃及地区缺乏白银，但是努比亚地区富产黄金，且农业极其发达。依照曼涅陀（Manetho）的《埃及史》（*History of Egypt*）记载，从埃及新王国时期（公元前 1553 年至公元前 1085 年，相当于中国的商朝时期）起，金属作为流通手段开始增多，借贷关系也大为发展，一些真正的商人开始出现。但是，埃及的商品交易水平还不高，物物交换依然比较普遍。神庙、贵族、王室还占有大量地产和金属，经济极度封闭，对外贸易被国家控制。这一时期的古代文献中经常提到金属的标准重量：德本（deben），以及它的十分之一——凯特（kidet）。根据古文献记载，在埃及新王朝时期，金属被当作货币进行交易，或直接交易，或在物物交换中被用于会计记录。

（四）远古时期金银的支付、交易职能

在古代苏美尔社会中，白银很早便具有了借贷、租赁和政府罚款的支付功能，有 4000—5000 年的历史，但白银的市场交易媒介功能却出现得晚得多，至少要晚 500—1000 年。早期远古人类文献确实说明了货币起源于债，即银或金先是用于支付债务，然后才被用于做市场交换的媒介。

由此我们也可以认为，货币的"支付手段"与"交换媒介"职能是可以分离的。但是，货币一旦作为支付手段流行开了，就能很快作为交换媒介发

生作用。问题是,任何物品只有具有这两种职能才能算是"货币"吗?还是说,只要具备一种职能就是"货币"了?

(五)中国古代夏商周时期的货币

中国钱币学家一般认为,中国古代以贝为货币,最早始于夏朝。其根据是,早在公元前80年前后出现的《盐铁论·错币篇》中,就有"夏后以玄贝,周人以紫石,后世或金钱刀布"之说。在《汉书·食货志》中,班固曾说:"货谓布帛可衣,及金刀龟贝,所分财布利通有无者也"。在许慎的《说文解字》中,也有"货贝而宝龟"之说。

另外,从中国古代的文字结构来看,凡与价值有关的字,大多带有"贝"的偏旁部首,或者说是由"贝"(繁体为"貝")字演化而来。此外,从中国古文字的使用中,我们可以看出,大部分描述市场交易手段,以及社会生活中与支付和买卖活动有关的字,都有"贝"的偏旁。这也充分说明"贝"在中国古代社会确实被视为我们今天理解的赠赐、债务支付,以及商品买卖、财产转让和租赁支付中所用的"货币"了。

从文字结构和词源上看,记述中国古代的王和贵族大臣之间支付手段和交易媒介的活动多与"贝"有关,由此中国的文字中用于支付手段和交易媒介的文字表达都带有"贝"字旁。当时人们把各种"贝"视为财富或财富的代表,储藏更多的"贝"成为人们积累财富的象征。许多货币学家通过研究发现,到殷商时期,"贝"作为货币已经成为人们追求财富的象征。譬如,《尚书·商书·盘庚上》就曾记载盘庚谴责贵族大臣贪恋货币财富:"兹于有乱政同位,具乃贝玉"。《尚书·孔传》中也有记载:"此我有治政之臣,同位于父祖,不念尽忠,但念贝玉而已,言其贪"。

由于夏商周时期人们把贝视为一种财富的代表(价值贮藏)和支付手段,所以20世纪20年代在中原各地发掘的大量殷商墓葬中,发现大量贝(包括海贝、铜贝、骨贝、玉贝、石贝)币。譬如,在1960年之后才发掘的洛阳盆地东部偃师市境内二里头夏商文化遗址中,出土的器物有铜器、陶器、玉器、象牙器、骨器、漆器、石器、蚌器,其中就有贝。在之前和之后各地发掘的商周墓葬中，均发现大量的各种海贝、骨贝、石贝、铜贝，甚至金贝。譬如，1928年在河南安阳的殷墟中就曾发掘出96枚贝。之后，1976年在安阳小屯村发掘的被确认是商朝王室"妇好"的墓葬中，竟有6880枚海贝。还有人统计，从1969年到1977年，在安阳殷墟西区发掘出的939座殷商墓葬中，其中342座有殉贝，总数达2459枚。这说明各种贝在殷商时期已经非常流行，并被殷商人视为财富的代表。

尽管如此，古钱币学家对夏商周时期的贝是不是被用作市场交易中的货币，或者何时各种贝被作为货币来使用，还存疑甚多。譬如，在《中国货币史》中，彭信威指出："在古代赐锡品种，最常见的无过于贝。这种贝是不是货币，若是货币，从什么时候其变成货币，无法加以断定。""贝和中国人发生关系很早，早在新石器时代的初期，便已经有贝的使用，相当于传说中的夏代。但夏代使用贝，并不是说夏代就有了货币。自贝的使用到它变成货币，应当有一个相当长的时间上的距离。因为货币的产生要以商品生产为前提……"①

于是，这里就产生了一个经济学问题：到底什么是货币？是否一种物品具备了价值贮藏和支付功能就可以被当作货币？还是一种物品必须具有市场交易媒介和计价标准后才能真正成为货币？

根据一些货币史学家的研究，到了西周时期，除了各种贝之外，青铜也被用作称量货币，甚至有些古代传世文献中显示，商代已经有钱币。如《史记·殷本纪》中就有纣王"厚赋税以实鹿台之钱，而盈钜桥之粟"之说。但是，从目前的考古发现来看，还没见到任何商代的钱币。西周时期用称量铜作为支付手段，在大量被发掘出来的钟鼎铭文上对此有所记载。由于那时古人还很难区分铜与金，在古代青铜器的铭文中，以及先秦和晚期的一些传世文献中，把红铜称为赤金，把银称为白金，黄金和铜有时都被称为金。到战国时期，黄金和铜才有了明确的区分。据中国钱币学家的考证，到了西周时期，王对大臣的赏赐、罚金赎罪、征收贡金，大部分已用称量金属货币了。而且金属货币（主要是铜）也成了战争掠夺的重要对象，即古文中所出现的

---

① 彭信威.中国货币史[M].上海：上海人民出版社，1958.

"孚金"。

到西周时期，除了各种贝被用作支付手段，而黄金、白银等贵金属和铜等贱金属，也开始被赋予赏赐和罚金的货币对象性。《尚书·禹贡》中记载了荆扬二周"厥贡惟金三品"，其中的"金三品"即金、银、铜。《史记·平准书》中就有"虞夏之币，仅为三品，或黄或白或赤，或钱或布或龟贝"。

但是，中国最早何时将金、银、铜作为货币，目前我们还不能完全考证出来。但是到西周时期，人们已经大量用"称量金""称量银""称量铜"作为赏赐和罚金，这是有大量记载的。这说明西周时期已经开始用称量贵金属和贱金属作为支付手段和价值贮藏了，并且同时期，以贵金属金银和贱金属铜作为计量单位的情况也大量出现了。但是到目前为止，我们还无法从出土文献中找到商周时期用"称量铜"或铜饼作为市场"交换媒介"的记录。

从中国夏商周时期出土的墓葬文物和青铜器的铭文中，也可以看出在中国古代，无论是"贝币"还是"称量铜"，多作为支付手段来使用，而不是作为交换媒介来使用。在一些之后的传世文献中，出现了夏商周时期的市场贸易，但多是理论推测，且主要在讲"物物交换"。

亚当·斯密认为货币有两种用途：一为还债；二为购物。斯密道出了任何社会的货币的本质。货币，不管是以金银块、金银铸币、铜铸币、纸币的形式出现，还是以现在的数字形式存在，一旦被创造出来，一是用于支付人们之间的债务（国王和政府支付官吏和行政勤杂人员的薪酬、军饷可被视为对其服务支付的劳务"欠债"）；二是用于物品和劳务交换。

但是可惜的是，在当代经济学中，货币的还债（支付手段）的功能被绝大多数经济学家所忽视和遗忘了，他们只把货币当作购物的一种手段（交换媒介）。

三、从货币制度的差异看东西方社会的不同演化路径

世界上最早的铸币在公元前600年左右出现，相继在吕底亚和伊奥尼亚（今土耳其境内）、古希腊、古罗马出现。但债务危机均在铸币之前就出现了。

在印度，公元前6世纪，银块被刻上官方的标志，后摩揭陀王国出现银币和铜币，主要用于支付军饷。在中国，春秋战国期间出现金属铸币，如镒、布币、刀币、环币和蚁鼻钱。金属铸币有可能最早出现在中国。

苏格拉底、释迦牟尼和孔子轴心时代出现的货币主要用于支付军饷，主要是"军事–铸币合成体"而不是"辅助交易"。但亚里士多德和约翰·洛克的商品货币说或"物物交换自发产生货币说"一直延续到今天。

古罗马时期主要使用金币，但货币的存在形式主要是记账式债务货币或信用货币。后来的法兰克王国也基本上使用信用货币，少量使用铸币。

中世纪，越来越多欧洲的黄金、白银被存放在教堂，货币也采用虚拟货币的形式（支票、符木和纸币的形式）。12至13世纪，威尼斯、热那亚和佛罗伦萨等城市国家大部分采取"记账货币"。

随着地理大发现的出现，美洲的黄金、白银流入欧洲大陆，欧洲开始脱离"虚拟货币"和"信用记账货币"，再度使用金属货币，这一点被约翰·洛克和亚当·斯密看到，并由此形成商品货币说，后演化为卡尔·马克思的"金银天然不是货币，但货币天然是金银"之说。

尽管在人类社会漫长的历史中，货币的主要存在形式是铸币，但是，了解一点人类社会铸币史知识的人都会发现，西方社会中的铸币从出现到20世纪初，主要是金铸币和银铸币。从15世纪末开始，随着中欧铜产量的激增，在16—17世纪，尤其是17世纪，西班牙、法国和德国出现过一段时期的铜铸币。但整体而言，即使在这段时期，金币和银币也并没有退出欧洲舞台，它们仍是基准金属货币，尤其是作为流通记账货币的基础。

反观中国的货币史，我们会发现它与西亚、北非和欧洲的古代国家的货币史有很多不同之处。在中国这个有着自己独立社会发展演变路径的封闭国家里，人们主要采用的是铜铸币，辅有一些铁币、纸币和其他金属货币。尽管从五代时期起，白银在中国就被用于支付手段，尤其是到明朝中后期，白银被用作称量货币使用，但直到1793年（乾隆五十八年），清廷宝藏局才根据户部颁发的钱式铸造了"乾隆宝藏"银币，标志着中国出现了真正的银币。其后，依次有"嘉庆宝藏"银币、"道光宝藏"银币，但这些银币只限于在西藏发行使用，数量不多。到了 1884 年（光绪十年），吉林机器局率先铸造出了中国第一套机制银币——"吉林厂平"银币。

从表面上看，西方以及世界其他国家和地区的铸币主要是金银铸币，而只在较短时期内实行过铜铸币，且铜币也主要是辅币；而中国则在 2000 多年的历史中主要采用铜铸币。宋元以后，中国实行了一段时期的纸币和称量金银货币[①]，但在货币制度方面，中国与世界上其他国家有着根本的制度差别。中国和西方各国不同的货币制度，也反映出了历史上中国与西方各国不同的社会制度演化路径。进入 20 世纪后，世界各国的货币制度才大致趋同。

为什么中国历史上的皇帝不像西方的国王、君主一样铸造金银铸币？在货币史和经济史学界有一种观点认为，这主要是因为古代中国是一个缺少金银的国家，而铜的储量比较丰富，且铜的开采和冶炼铸造技术发展得比较早。

现在看来这一说法并不完全成立。理由有两个：首先，尽管古代美索不达米亚，以及西亚的吕底亚、古罗马、拜占庭帝国，乃至后来的东欧地区很早发现金矿，但是按照美国金融史学家彼得·伯恩斯坦（Peter Bernstein）在《黄金简史》（The Power of Gold）中的研究，欧洲本身的金银产量并不多，截至公元 1500 年，欧洲境内以各种形式——铸币、贮藏品以及各种装饰品——保有的全部黄金数量，可以用 2 立方米的体积容下。[②]但这并没有影响吕底亚、古希腊、古罗马、马其顿王国、拜占庭帝国，以及其他欧洲国家采取金铸币或银铸币。

反过来看，按照中国的典籍和史书记载，中国古代王朝的黄金和白银并不缺少，但却鲜见作为流通手段和支付手段的金铸币和银铸币。

现在看来，与其问为什么中国古代历代王朝没有铸造用于市场商品交易流通和支付的金币和银币，不如反过来问，从秦半两、汉五铢钱，到唐代至晚清的通宝钱，为什么中国基本上采用铜铸币？

---

① 主要是白银，按千家驹、郭彦岗的研究，中国历史上王朝更替频繁，货币制度混乱，用以制造货币的币材曾达 20 多种。千家驹，郭彦岗. 中国货币演变史[M]. 上海：上海人民出版社，2014.

② 伯恩斯坦. 黄金简史[M]. 黄磊，郑佩芸，译. 上海：上海财经大学出版社，2008.

这与中国独特的社会制度有关。从秦汉开始，中国就形成了皇权专制的大一统国家制度。在这种社会中，奉行的是"普天之下莫非王土，率土之滨莫非王臣"的无刚性私产制度。个人的私有产权制度在传统中国没有完全形成，人们也没有形成个人权利意识。再加上从秦汉王朝到晚清，中国历朝历代实行重农抑商的基本国策，数千年来，中国基本上是一个市场贸易相对较少的自然经济体。

这反映在了中国历朝历代的货币制度上。虽然可以认为货币源于商品交易和债务支付，但它实际上成了皇帝和政府发展经济、富强国家的一种工具和手段。故从春秋各国的铸铜币，到秦始皇统一中国货币的秦半两，再到西汉时期的五铢钱制和唐帝国开始的通宝铸币，货币的铸币权全被垄断在国家手中，皇帝屡屡禁止，甚至通过杀戮的方式来禁止民间货币私铸。这是中国古代经济学思想中的"货币国定论"的起因。

由此看来，在两三千年的历史中，中国历朝历代的铜铸币与其说是一种商品和贸易的交易媒介、支付手段，以及债务清偿手段，不如说是皇帝和官府为维持王朝运行的一种工具。

从东西方货币制度史的大范围比较来看，不管是在最早的西亚以及古希腊、古罗马，还是自秦代以后的中国，货币被铸造出来，首先用于发放朝廷大臣、官吏和工匠佣人的俸禄、酬劳以及将军和士兵的军饷，这些"吃皇粮的人"领得官俸后，再从市场上购买各自所需的物品，从而把货币投入市场流通，让民间进行有限的商品交易。农民通过将农产品拿到市场上换得货币，也部分参与了货币流通。朝廷再以税收的方式把部分货币回收，然后这些货币再通过俸禄、军饷和实物花费流向市场，完成一轮又一轮的货币循环。

若遇战争，朝廷又会屡屡通过新增铸币和通货贬值来对全社会进行财富搜刮。由此看来，在中国历朝历代中，市场贸易和商品交换只是货币流通的部分环节。货币的主要功能是帮助皇帝官府维持社会运行，以及从民间汲取生存物资。

既然货币的本质是皇帝和政府从民间汲取生存物资的一种工具和手段，那为什么西方还要用被认为具有稀缺价值的贵金属来做铸币呢？为什么不用相对不稀缺、铸造和发行成本较低的"法定铜铸币"来做货币呢？

铸币成本与货币标量值之间的差额越大，朝廷和官府从中攫取的"铸币税"就越多。这应该是历朝历代采取铜铸币的主要原因。归根结底，在中国数千年的历史上，皇权不受约束，刚性的私有财产制度没有形成，市场贸易非常有限，在这样的传统社会中，用铜铸币是必然的制度选择结果。

反过来看，在西方和世界其他文明中，尽管从表面上看，君王和军事首领也同样通过金属铸币来支持皇室开销、营建宫殿城堡、发放官员的俸禄和军饷，但是，由于一开始君王们就用有其"真实内在价值"的黄金和白银等贵金属铸造货币，他们对民间的掠夺实际上是有限的，甚至可以在一定时期内被视为一种交易和交换：我为你服务，提供给你商品和财物，你就要给我足值的货币。这本身就意味着皇帝和政府的权力是有限的，也存在某种意义上的财产和劳动力个人所有制。

从这个意义上来理解人类社会的货币现象，我们就能发现一个现有经济学理论和货币理论的"缺环"：货币本身不仅是市场商品交易的一般等价物和流通手段，而且是任何一个国家的君主和政府与民间市场进行交易的工具和手段，是皇帝与臣民、国家与社会博弈的一种产物、一种工具。从这个意义上来看，明代中后期以"称量银"作为货币，以铜铸币作为辅币，实际上是民间富商、百姓与皇室政府之间的货币选择博弈，是对抗朝廷官府不受限制的权力和任意攫取掠夺社会财富的制度均衡。

从这个角度来看，不管是货币的本质、货币债务起源说，还是货币物物交换自发产生说，似乎都不是太重要的问题了。货币是在有市场交易的社会阶段中的一种商品和劳务交换的媒介，一种支付信用和手段，也是完成人类经济社会运作的制度构建。

不同的是，西方用黄金和白银做货币，其稀缺和内蕴价值本身就是对君主和政府从民间任意攫取财富的一种限制，而古代中国皇帝和政府强制使用的法定铜铸币，实际上与纸币一样，是一种"Fiat Money"[①]，是朝廷和政府

---

① 中文通常译为"法币"，法定货币（Fiat Money），简称法币，指政府发行的纸币。

强制推行的一种货币。只不过一个是由纸制成的,另一个是由不易损坏的金属铜制成的,后者的铸造成本更高一点而已。由此我们可以认为,中国的货币,从春秋战国的铸币开始,就是一种带着皇帝与政府意志和命令的"Fiat Money"。

最后,不管世界各国和各地区的货币的起源如何,无论是用贝壳、牛羊、布帛,还是用金银、铜、铁、纸张铸币,到了20世纪现代社会,世界各国的货币制度和货币创造机制都在趋同。人类社会正在从近代的金本位制、金银复本位制、纸币制度向无锚的数字货币制度演进,而这种无锚的数字货币也正在向货币的本质回归,即作为清偿债务和完成物品、劳务交易的记账工具。

但是,在任何社会中,作为记账工具的货币都不是一个常量,而是一个由皇室、政府、造币局、中央银行、商业银行乃至个人(如已被美国联邦法院判定为一种合法货币的比特币的创造者)所能创造的变动不居的量。货币量的变动不居,又在社会经济运作中以通货膨胀与紧缩,乃至经济繁荣和萧条的外在形式反映出来。没有货币,人类就没有市场交易、经济运行、科技进步和社会组织运作。

进入文明社会后,所有国家和社会均离不开货币,但到目前为止,世界各国还均处于货币的困惑之中。这是人类社会的一个现实,也是人类存在的一个悖论。

第6章

决定中国经济的思想线索

中银证券首席经济学家、研究总监

徐高

今天我简单梳理一下有关经济的思想，把思想到现实的线索串起来，来看看这些赫赫有名的经济学大师们的辩论，以及他们所关心的话题如何影响现在每一个中国人的生活。

事实上，以我对经济学的研究经验来看，任何一个经济现象，一定会追溯到某些人头脑里的某些想法，只有真正看到思想对现实的影响，才会对凯恩斯所说的"事实上统治世界者，就只是这些思想而已。"有最深刻的认识。

一、统治世界的只是思想

凯恩斯在他的名著《就业、利息和货币通论》[1]里有如下论述。

> 经济学家以及政治哲学家之思想，其力量之大，往往出乎常人意料。事实上统治世界者，就只是这些思想而已。许多实行家自以为不受任何学理之影响，却往往当了某个已故经济学家之奴隶。狂人执政，自以为得天启示，实则其狂想之来，乃得自若干年以前的

---

[1] 凯恩斯著.就业、利息和货币通论[M].徐毓枬，译.北京：商务印书馆，1981.

> 某个学人。我很确信，既得利益之势力，未免被人过分夸大，实在远不如思想之逐渐侵蚀力之大。
>
> ——约翰·凯恩斯《就业、利息和货币通论》

经济学家之间的分歧有很多，似乎总是在无休止地争论。有一个笑话说，如果你找 5 个经济学家，那么可以得到 6 种观点，因为大家的观点都不一样，有的人甚至自己都有不同的观点。他们到底在争论什么？从经济学创始以来，经济学家争论的最核心话题是：在市场和政府之间我们应该更倾向于哪边？这个问题的答案取决于你对市场持什么观点，而在更根本上则取决于你对人性持什么观点。

（一）对人性的两种观点

在对人性的态度上存在两种很极端的观点：第一种观点来自政治哲学家、现代政治哲学的奠基人托马斯·霍布斯（Thomas Hobbes），他在自己的书中介绍了为什么人们需要政府。他用一种社会契约的方法来论述政府的产生。霍布斯对人性持非常悲观的看法，认为每个人都是自私自利的，如果把一群自私自利的人放在一起，结果会是天下大乱。他在《利维坦》[1]中有如下说法。

> 任何两个人如果想取得同一东西而又不能同时享用时，彼此就会成为仇敌……由于人们这样互相疑惧，于是最合理的自保之道就是先发制人，也就是用武力或机诈来控制一切他所能控制的人，直到他看到没有其他力量足以危害他为止……只要没有政权来调节他们的行为，他们便处于"人人相互酣战"的状态。这种战争是每一个人对每个人的战争，因为战争不仅存在于战役或战斗行动之中，而且也存在于以战斗进行争夺的意图普遍被人相信的一段时期之中。
>
> ——托马斯·霍布斯《利维坦》

---

[1] 霍布斯. 利维坦 [M]. 黎思复，黎廷弼，译. 北京：商务印书馆，1985.

正因为霍布斯对人性持悲观的看法，所以他认为把一群人放在一起就是一场所有人对所有人的战争，会使得人生活得孤独、贫困、卑污、残忍而短寿。这显然不是人想要的生活，所以人就要签订一个契约，把自己的权利交给一个主权者，让强有力的主权者来慑服所有人，进入一种文明的社会。

霍布斯的这套理论是对强有力的主权者的一种非常有利的辩护。在他看来，哪怕是一个独裁者、集权者，也比没有主权者掌控的自然状态好，这是他对人性悲观看法导出的自然结论，是一种极端的观点。

另外一种极端的观点同样源远流长。这种观点对人性非常乐观，其中的典型代表是英国政治哲学家亚当·斯密，他认为人和人在一起，没有霍布斯讲的那么悲观。

> 我们的晚餐并非来自屠宰商、酿酒师和面包师的恩惠，而是来自他们对自身利益的关切。我们不是向他们乞求仁慈，而是诉诸他们的自利心；我们从来不向他们谈论自己的需要，而只是谈论对他们的好处。
>
> ——亚当·斯密《国富论》[1]

这里表达的是"看不见的手"的思想：个人都是自私自利的，但市场这只"看不见的手"，使得所有人和谐共存，而不是爆发所有人对所有人的战争。亚当·斯密对人性是偏乐观的，他认为把人和人放在一起，市场会把大家组织得很好，不需要政府再来干什么。所以在他看来，政府就应该是小政府，做好"守夜人"，别有失火、偷盗等就行了，剩下的事情都交给市场。

英国政治哲学家约翰·洛克也持有类似的观点。洛克所设计的政府不是霍布斯认为的强有力、慑服所有人的政府。在洛克的思想中，政府应该是为帮助人们解决没有政府的不便而设立的，这些不便主要是对私有产权的保护。在没有政府的自然状态下，人们有很多权利，所以如果要让人们愿意脱离自

---

[1] 斯密.国富论[M].郭大力，唐日松，等译.北京：华夏出版社，2005.

然状态，进入政府所掌控的文明社会，政府除了要给老百姓提供服务，还不能剥夺人们在自然状态里就拥有的权利，比如生命权等。同时，洛克还往前推了一步，如果一个政府给民众带来的东西还不如民众在自然状态中获得的多，那么民众就可以把政府推翻，所以洛克实际上给出了一个起义或者革命的政治理论论述。

总之，当人们在政府与市场之间做选择时，真正考虑的是对人性的假设：没有政府来掌控一切的时候，这些人被放在一块后究竟是一种什么样的状态？如果是霍布斯所设想的非常悲惨的状态，就需要强有力的政府来掌控一切；而如果是斯密或者洛克所设想的比较和谐的状态，政府就不用管那么多，更不能去侵犯人们所拥有的权利。这是争论的核心所在。

经济学中，把亚当·斯密这只"看不见的手"说得再具体一点就是一般均衡。肯尼斯·阿罗 (Kenneth Arrow) 就是由于其在一般均衡理论方面的研究而获得诺贝尔经济学奖的。

> 从1776年亚当·斯密发表《国富论》以来，大量个体看似分散的商品买卖决策可以如此和谐的共存便是经济分析的一个持续主题。在日常的经验中，可以感觉到在商品和服务的供需之间存在着某种平衡。买家一般都能实现其购买意图，而卖家一般也不会发现他们生产了太多东西而卖不出去。这种平衡是如此普遍，以至于一般人都将其当成理所当然，而完全不会对其产生任何疑问，更不会愿意去理解它产生的机制。[①]
>
> ——肯尼斯·阿罗

这段话描述的机制就是现在所谓的一般均衡。当然，阿罗说的是一种理想的状况，在一般情况下我们确实看到的是商品和服务之间的平衡，尽管提

---

① Arrow K. General Economic Equilibrium: Purpose, Analytic Techniques, Collective Choice[J]. American Economic Review. 1974, 64 (3): 253–272.

供商品的人和需求商品的人可能都从自己的角度出发，做着分散的决策，不会考虑宏观经济层面总的供给、需求的约束，但是最后都能和谐共存，实现市场比较和谐的状态。

但可能有人会提出反例：1929年大萧条时，美国经济严重衰退，大量的商品供过于求，最多时四分之一的人失业，在街上排队领救济。如果相信市场是和谐的，如何解释大萧条？"看不见的手"是不是真的存在？是不是真的时刻都在高效调解着市场运转？对这个问题的答案决定了人们在经济理论和经济政策上采取的立场。这就是经济学从亚当·斯密开始一直到现在争论的核心问题。

（二）萨伊定律

长久以来，经济学内部存在两派观点，其中一派观点是让-巴蒂斯特·萨伊（Jean-Baptiste Say）提出的古典经济学里的核心——萨伊定律，也就是"供给创造自己的需求"。这句话似乎违背常识，供给怎么会创造需求呢？任何一个有实践经验的人都应该知道，把商品卖出去比把商品生产出来更困难，如果供给能够创造自己的需求，那生意就太好做了。

但萨伊定律其实包含了对市场的深刻洞察，同时体现了萨伊等古典经济学家对市场高效运行的信仰。萨伊定律的核心逻辑是，当看到经济学中有一个生产活动发生时，应该想到从事这个生产活动的人的脑中一定有某种需求产生了，所以生产者才会选择进行生产活动（而不是休息）。从这个意义上讲，当看到生产活动在进行时，一定是有需求已经先于生产活动产生了。

通过交易就能够实现这种需求与供给的结合。如果在以物易物的原始社会，这种机制非常明显。现代社会则以货币为媒介做交易，但萨伊认为，货币不过是面纱，不要被货币蒙蔽，通过货币做交易与原始社会以物易物没有本质区别。有人可能会问，如果把物品换成货币，不是现在马上用掉，而是储蓄下来，这时供给和需求是否会出现差异？古典经济学家认为，有储蓄存在时，灵活变化的利率（利率是储蓄的价格）会使储蓄市场出清。也就是说，如果储蓄太多，那么利率会很低，会促使那些有投资需求的人把储蓄借出去花掉，最后储蓄市场通过利率会出清，所以即使有储蓄，供给、需求之间也是匹配的。

总结一下萨伊定律的逻辑，看到生产活动，就意味着有需求已经在人的脑海中产生了，这个需求虽然可能和供给分离，但是高效运转的市场会把供给和需求联系起来，所以生产者在生产时不用担心商品没有需求，市场会帮你找到需求。在宏观层面市场高效运转以后，会看到全社会的供给和需求是通过"看不见的手"匹配的。所以在萨伊定律看来，全面性的生产过剩不可能发生，因为不会有人只为生产而生产，生产都是为了满足某些需求。萨伊定律只在宏观层面成立，在微观层面则未必。

（三）马尔萨斯用"有效需求"对萨伊定律的反驳

在古典经济学时期就有人对萨伊定律提出反驳，其中的代表人物是托马斯·马尔萨斯（Thomas Malthus），他在1814年的一封信中写道[1]：

> 有效需求包括购买的能力和愿望这两个因素……我绝不认为购买的能力必然包含同比例的购买的愿望，我不能同意……就一个国家来说，供给绝不能超过需求。一个国家必定具有购买它所生产的全部产品的能力，但我却很容易设想它没有这种愿望。
>
> ——托马斯·马尔萨斯[2]

在马尔萨斯看来，供给过剩、需求不足是可能产生的，需求人人都有，我们脑袋里会想各种各样的东西，想住大房子、开好车……这些需求是无限的。但是只有那些与购买力相结合的需求，也就是所谓的"有效需求"，才对经济有用。

设想有这样一个经济体：这个经济体中有100个人，其中一个人是独裁

---

[1] Letters to Mr. Malthus, and A Catechism of Political Economy.
[2] 斯拉法. 李嘉图著作和通信集 [M]. 胡世凯，译. 北京：商务印书馆，1980.

者，拥有所有收入；剩下99个人是普通老百姓。这个经济体里，所有劳动者所创造的产出或者收入都被那个独裁者占有，但这个独裁者是个守财奴，拿到收入后不愿花出去。尽管剩下的99个人想要很多东西，但是因为没有收入，需求无法在市场上表现为对商品的真正需求，于是这个经济体陷入一种有效需求不足的状态。这其中最核心的是收入分配问题，如果把所有收入分配给99个人，这种需求不足就不会发生。这就是马尔萨斯的观点。

（四）供给与需求的争论

实际上，这里争论的是萨伊定律到底成不成立，市场能不能有效运转使得供给找到自己的需求。长期以来，经济学的一个核心的争论就是经济的约束条件（决定性因素）是在供给面还是在需求面。

如果你认同萨伊定律，认同供给会创造自己的需求，就会相信高效市场会将供给与需求联系在一起。由此推导，经济的供给面才是主导性因素，长期经济增长在供给而不在需求，经济波动也是供给性因素导致的。

反过来，如果你反对萨伊定律，就应该认为市场并不总是有效的，供给有可能找不到足够的需求，存在有效需求不足的状态。这种情况下，需求不足以成为经济长期增长的瓶颈，所以经济是由需求面主导的，经济波动也是由需求面的因素所导致的。

上述两种立场不只是理论上的不同，这种立场的选择对评价经济现象有直接影响。比如破窗理论，教室里窗户很好，我突然拿一块砖头把玻璃打碎，这是好事还是坏事？有人觉得是坏事。这很容易理解，好好一块玻璃被砸了，对我们的财富来说是一种损失，况且如果是冬天，砸了之后教室还很冷。

为什么说也是好事？把玻璃砸了看起来不好，但是装玻璃、修玻璃的人就有了工作和收入，他们会把收入花出去，于是更多人会有工作和收入，进而带来更多支出。也就是说，我虽然砸坏了一块玻璃，但却在经济里创造了更多的需求，让更多人的生活变得更好了，从这个角度来看，这是件好事。

这也是凯恩斯的逻辑，只是凯恩斯说得更极端。政府出钱雇一队人在地上挖坑，挖好后再填上，这是好事还是坏事？凯恩斯说这是好事，因为这使得人们有了工作和收入。其实，这个问题的答案取决于你是否相信萨伊定律。如果你相信萨伊定律，这就是一件坏事；如果你反对萨伊定律，这就是一件好事。

具体来说，在破窗理论里有一个非常重要的前提：修窗户的人在窗户没被砸破之前是什么状态？如果这个人没工作，你把玻璃砸碎了，他就有了工作，有了收入，他的生活变得更好了。但如果修窗户的人在玻璃砸碎之前，手头的工作很饱满，这时你把玻璃砸碎，他要把这块玻璃修好，就必须把手里原来的事情停下来，他的收入并没有因此增加，那么这是件坏事。

同样的道理，如果你相信萨伊定律成立，市场总是高效运转的，所有供给都在找自己的需求，这个经济体里没有非自愿的失业，那么这时如果政府通过一些刺激性政策雇一队人挖坑、填坑，这样做其实是挤出了民间的支出，并不会让经济变得更好，所以这时宏观刺激政策是无效的。

反过来，如果你认为萨伊定律不成立，市场并不是有效的，那么当经济里存在大量的非自愿失业时，政府雇人来挖坑、填坑就会让本来没有工作的人有工作和收入，而他们的支出会让更多的人有工作和收入，所以经济会变得更好。

所以当我们在评价宏观政策，讨论是否应该支持国家用扩张性的财政和货币政策刺激总需求时，我们其实要问自己是否相信萨伊定律，是否相信市场。如果相信市场，就不应该支持扩张性的财政政策和货币政策；反之，如果不相信市场，就应该支持扩张性的宏观政策。这就是供给和需求争论的核心问题。

二、当代主流宏观经济理论（新－新古典综合）的思想源流

接下来，我们简单回顾一下从古典宏观经济学到现在主流宏观经济学的发展脉络（见表6.1），这几百年间，经济学家争论的还是供给和需求的问题。宏观经济学以凯恩斯分界，凯恩斯之前的叫古典理论，凯恩斯之后的叫新古典理论。

表 6.1 新－新古典综合思想源流

名称		英文名称	时间	代表人物	核心思想
古典理论	古典	Classical	18世纪到19世纪上半叶	斯密、李嘉图、穆勒	注意力集中于宏观经济，相信商品的价格由生产商品的成本所决定
	新古典（第一代）	Neoclassical	19世纪下半叶到20世纪初	马歇尔、瓦尔拉斯、古诺、杰文斯①	边际革命兴起后注意力集中于微观经济学，认识到商品的价格由供给和需求共同决定
新古典综合		Neoclassical Synthesis	《通论》问世至1976年卢卡斯批判	凯恩斯、萨缪尔森	市场与政府的折中，凯恩斯需求管理思想与菲利普斯曲线的结合，IS-LM、AS-AD模型
新古典理论	新古典（第二代）	New Classical	1976年卢卡斯批判至今	卢卡斯、普雷斯科特②	宏观经济模型必须要有微观基础，对市场信仰的复兴，真实商业周期模型
	新－新古典综合	New Neoclassical Synthesis	20世纪80年代至今		真实商业周期内核套上名义刚性给市场运行带来的短期摩擦力；政策可以在短期内起效，长期经济运行由市场决定

注：①阿尔弗雷德·马歇尔（Alfred Marshall）、里昂·瓦尔拉斯（Léon Walras）、安东尼·库尔诺（Antoine Cournot）、威廉姆·杰文斯（William Jevons）。
②罗伯特·卢卡斯（Robert Lucas）、爱德华·普雷斯科特（Edward Prescott）。

古典经济学的核心是萨伊定律。亚当·斯密、大卫·李嘉图、阿尔弗雷德·马歇尔、威廉姆·杰文斯等古典经济学大家，一般是认同萨伊定律的，认为市场是有效的，供给和需求是匹配的，供给总能找到自己的需求。

但著名的古典经济学家里有两个例外：一个是前文介绍的托马斯·马尔萨斯，马尔萨斯认为可能存在有效需求不足的状态；另一个是卡尔·马克思，马克思相信市场必然会失灵，他认为随着资本主义生产的扩大，需求不足的问题会越来越尖锐，市场会失灵到使整个资本主义走向崩溃和灭亡，最终必定被社会主义、共产主义所取代。

（一）大萧条动摇了有效市场的信仰，催生了凯恩斯经济学

虽然古典经济学家中存在分歧，但萨伊定律仍是古典经济学的一个非常关键的假设。古典经济学家大多倾向于认为政府应该是小政府，起到守夜人

的职责就够了,剩下的交给市场,所以他们认为经济政策都应该倾向于自由放任,政府管得越少越好。

但是理论都是根据现实状况的变化而发展的,古典经济学对市场高效运转的信仰在1929年美国大萧条时受到了极大挑战。图6.1是一个世纪以来美国的GDP走向(为了使这条指数曲线上行,让曲线看起来更好,把1900年设为1,上面依次是10、100),可以看到,20世纪30年代美国真实产出水平的绝对规模出现了深度负增长。面对大萧条的挑战,古典经济学家无话可说:如果供给能创造自己的需求,那请问这个"坑"是怎么出来的?25%失业率是怎么出来的?那么多人在街上排队领救济,但古典经济学理论却说需求会自动出现。

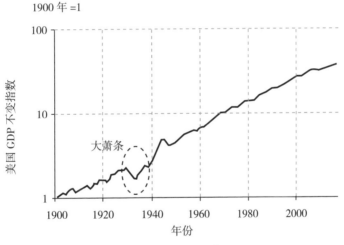

图6.1 美国的GDP走向

资料来源:Wind。

当一个经济理论不能解释现实时,这个经济理论就需要做调整,否则必然会被别的理论所取代。所以在大萧条之后,以需求不足为出发点的凯恩斯理论取代了古典理论在宏观经济理论领域的统治地位。

凯恩斯认为,经济可以在长时间中处于供给大于需求、供给找不到需求的状态。这时就需要通过政府的需求管理政策来创造需求,为了把经济从严重产能过剩状态中带出来,哪怕是通过雇人挖坑、填坑这些无意义的事情创造需求，也是可行的。凯恩斯讲过一句名言："在长期我们都死了。"他的本意是经济调整达到萨伊定律所说的状态需要时间，只有在长期市场才能达到那种高效运转的状态。但我们都活在短期里，所以需要关注的是短期，现在需求不足该怎么办？要做需求管理，通过扩张性的财政政策和货币政策来创造需求，克服需求不足的问题。

而且扩张性的财政政策会有所谓的乘数效应，就是政府花一块钱雇一个人挖坑、填坑，在整个经济中创造的总需求不是一块钱，而是比一块钱更多，因为这个人拿到政府给他的一块钱工资后，会把工资花出去，使更多人有工作、有收入，那些人有了工作、收入之后，会把他们的收入再花出去，政府花一块钱产生的总需求可能是好几块钱，这就是凯恩斯的理论。

但是，如果按照凯恩斯理论总去搞需求管理，那不就变成计划经济了吗？所以就发生了凯恩斯与弗里德里希·奥古斯特·冯·哈耶克（Friedrich August von Hayek）之间的争论。凯恩斯认为政府应该主动调控经济、管理需求。而哈耶克却认为，一方面政府在获取信息方面是有局限性的，政府其实不知道该怎么花钱，可能最后做的都是挖坑、填坑，创造的需求没有太大意义，而是对经济资源的浪费；另一方面，当政府越来越多地用需求管理政策介入经济运行时，"手"越伸越长，对经济的掌控力也会越来越强，最后不可避免地会从经济上的需求管理走向政治上的集权，使所有人都失去自由。哈耶克的名著《走向奴役之路》（*The Road to Serfdom*）讲的就是这个意思。

这些争论也使凯恩斯派的经济学家得到一些启发，最后形成20世纪70年代的主流经济学思想：新古典综合。其中，最重要的人物是保罗·萨缪尔森，最重要的模型是IS-LM，AS-AD。简单来说，新古典综合理论就是把市场与政府结合起来，把经济想象为一台机器，政府通过机器上的按钮（比如宏观政策按钮）调控机器，使机器处在一个决策者满意的运行状态。

新古典综合思想下的经济学构建了非常复杂的计量经济学模型，用很多计量方程估计宏观经济指标之间的数量关系。比如最有名的菲利普斯曲线认为，通货膨胀率每上升多少点，失业率就会按一定比例下降多少点。这时做政策调控,如果想要达到某个失业率,则可以通过调整货币政策使通货膨胀率达到某个水平,从而使失业率达到想要的水平。

(二)理性预期革命

新古典综合理论从第二次世界大战之后到20世纪60年代末一直运转得很好。图6.2是菲利普斯曲线,图中深色圆点是美国1948—1970年的例子,通货膨胀率和失业率确实有负相关关系。

发现菲利普斯曲线存在之后,决策者就开始有意识地利用这个曲线,试图通过推高通货膨胀率来降低失业率。比如美国总统在第一任任期时,如果想增加连任的概率,就会设法把失业率调低一些。这就是新古典综合理论给出的建议,通过宏观政策调控经济。

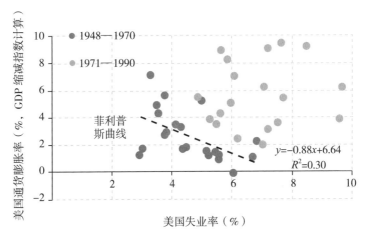

图6.2 菲利普斯曲线的消失

资料来源:Wind。

20世纪70年代,当政府真的开始有意识地用菲利普斯曲线调整失业率时,却发现菲利普斯曲线不存在了。图6.2中的浅色圆点是美国1971—1990年的数据,数据显示,通货膨胀率与失业率之间没有负相关关系。一边经济停滞失业率很高,另一边通货膨胀率很高。这种滞胀现象在凯恩斯理论里是不可能出现的,但是在现实中却出现了。这肯定不是现实错了,而是理论错了，因为凯恩斯理论没有考虑到市场对政策的反应。

1970年之前，之所以菲利普斯曲线存在，是因为当时通货膨胀率整体比较稳定。通货膨胀率比较稳定时，经济一般比较好：由于其他原因经济运行得比较好，所以大家都愿意买东西，这时通货膨胀率比较高，人们看到物价比较高就知道这时候经济比较好，企业这时候也会多雇佣员工，所以这时失业率较低。

但是当政府开始有意识地通过推高通货膨胀率压低失业率时，大家形成另外一种预期：不再把高通货膨胀率解读为"经济很好、需求很旺盛"，而是解读为"政府又开始印钱来骗我们了，我们不能上当"。所以这时人们面对高通货膨胀率的反应是，简单把自己卖的商品价格提一下，不会多雇佣工人扩大生产。由此高通货膨胀率也就不会起到刺激经济增长、压低失业率的作用，菲利普斯曲线也就消失了。总之，菲利普斯曲线消失反映的是在调控宏观政策时，必须考虑民众对该政策的反应。

上述逻辑引发了理性预期革命。理性预期革命是萨伊定律的复归：民众对政策做出反应会使政策无效。伴随理性预期革命产生了第二代的新古典理论。这套理论把人的自由反应加入模型里，进而分析政策对经济的影响。这时形成的一个主流经济学模型是真实商业周期模型（Real Business Cycle Model，RBC模型），这套模型的核心逻辑是：任何经济周期波动都是市场对外来冲击的最优反应。按照这套逻辑：大萧条时之所以有25%的人失业，是因为当时技术进步的速度比较慢，大家工作挣的工资少，人们为了追求闲暇主动给自己放假，25%的人主动给自己放假了。也就是说，他们是主动选择不工作，而不是被动失业。

（三）新 – 新古典综合的世界观和政策含义

25%的人失业是因为他们觉得工资不够高，主动给自己休假了？这显然是不对的。于是宏观经济学迎来了目前主流的新 – 新古典综合理论。这套理论的思路内核是对市场信仰的复兴，认为市场是有效的，只是在内核上套上了一个摩擦的因素：如果把市场理解成一个轮子，那么这个摩擦因素就是在轮子轴承上撒点沙，让轮子转得不那么顺畅。通过一个有效市场的内核，再加上外面摩擦的因素，就能够解释短期的经济增长波动。

新-新古典综合眼中的世界是一个掺了沙子的市场体系：因为存在摩擦的因素，市场在短期是无效的，并没有达到非常高效的资源配置；但是在一段时间后，等市场慢慢把沙子磨掉，就可以达到资源高效配置的有效市场状态。总之，市场在长期是有效的，短期的摩擦因素会引起有效市场的短期偏离。

重要的是短期有多长？短期存在于预期调整到位之前。我们回到菲利普斯曲线。当政府试图通过推高通货膨胀率来压低失业率时，这个政策到底什么时候有效？当人们的预期还没有调整过来的时候是有效的。这时候，推高通货膨胀率确实能刺激经济增长，压低失业率。

但是一旦预期调整到位，人们知道政府通过发钞票推高通货膨胀率愚弄大家，这时再去推高通货膨胀率就对经济增长和失业率没影响了。所以短期只存在于预期调整到位之前，而这里的短期其实很短，最长也只有几个季度、半年、一年左右。所以这套理论跟凯恩斯所想的不一样，凯恩斯认为我们永远活在短期，而在新-新古典综合的世界观里短期不是太长，我们既要考虑短期也要考虑长期，所以这是一套新的世界观。

这套世界观在经济增长、经济波动和经济结构方面都有具体的观点。新-新古典综合理论认为经济增长长期的瓶颈在供给而不是需求，因为短期可能由于摩擦因素导致萨伊定律不成立，但我们很快就会达到长期状态。在长期，萨伊定律是成立的。

而在波动方面，新-新古典综合理论认为波动是经济对外来冲击的最优反应。所以长期的经济起伏是自然的；而短期的摩擦因素会放大外来冲击造成的波动，此时宏观政策可以降低经济波动的幅度。

再来看新-新古典综合理论的经济结构观，消费者在消费与储蓄（投资）之间的权衡决定了经济的需求结构。其政策含义比较重要。新-新古典综合理论认为宏观政策在短期内，也就是在预期调整到位之前，是可以作为而且应该作为的；但是在长期，当预期调整到位之后，宏观政策不能也不应该作为。所以新-新古典综合理论相信,在长期李嘉图等价是存在的,也就是说,政府刺激性财政政策会挤出民间支出。

同时新-新古典综合理论相信货币中性,也就是说,无论是多发货币还是少发货币,最后只表现在价格上,而对真实经济没有影响。所以新-新古典综合理论认为货币政策是无效的。

对于经济增长而言,因为新-新古典综合理论相信长期萨伊定律成立,经济增长的长期瓶颈只能是在供给面,决定经济增长供给的因素是资本、劳动力、技术,而宏观政策不能直接作用到这三个因素,所以不能用宏观政策刺激长期经济增长。

这种世界观在中国有何具体政策含义?中国在美国次贷危机之后遇到经济增长的持续减速,经济增长率持续下台阶,从9%、8%、7%,到6%。按照新-新古典综合这套世界观,这种长期经济增长的减速只可能是供给面的生产能力出了问题所导致的,用更加学术的语言说就是"经济潜在产出水平下降",只有潜在产出水平下降才可能导致经济增长长期放缓。面对这种由潜在产出水平下降所导致的长期经济增长的减速,宏观政策应该容忍,而不应该去托底,因为无法通过采取措施扭转这种经济潜在产出水平下降导致的经济减速。

按照新-新古典综合理论,财政政策短期有效,长期无效;而且如果不断通过宽松的财政政策刺激经济,反而会引起债务增加的问题;货币政策效力也有限,货币长期是中性的,宽松的货币政策用了几年之后,会产生由货币超发导致的各种不利的后果。新-新古典综合理论甚至认为,稳增长的宏观刺激政策减慢了经济结构的调整。

(四)非正统的宏观经济学

虽然新-新古典综合理论是主流的宏观经济学理论,但并不代表这套观点是对的,它只是一种看待世界的方法和角度。还有其他看待世界的角度,也就是所谓的非正统的宏观经济学,其是对新-新古典综合理论的批判,认为新-新古典综合理论对市场运行设想得太过理想,无法解释现实问题。比如次贷危机为什么会爆发?次贷危机爆发之后非常规宏观政策,比如量化宽松政策等,应如何使用?这些问题新-新古典综合理论都无法回答。

同时新-新古典综合这套框架经常会求解非常复杂的、动态的一般均衡模型。当我们用这套理论研究宏观问题时,宏观研究变得越来越方法导向,而不是问题导向:研究哪个问题取决于能否求解这个问题对应的数学模型,而不是这个问题到底在现实中是否真的重要。所以,宏观经济学家越来越沉浸在自己设想的美妙的数学世界里,逐步与现实世界脱离。这是新-新古典综合理论的问题所在。

实际上,很多经济学家已经认识到了这些问题。比如2009年,诺贝尔经济学奖得主保罗·克鲁格曼在一次演讲中曾说了如下内容。

> 过去30年的宏观经济研究,从最好的角度来说,这些进展是没用的,最坏则是有害的。
>
> ——保罗·克鲁格曼

非正统的宏观经济学认为,市场不是有效的,有效需求是重要的,而且宏观政策在长期都有效。而我认为,现在经济学家对经济的分析,有时候自以为是看到某个问题想出来的答案,其实不知不觉已经被自己所接受的一套世界观左右了。比如看见经济增长减速,很多人会想这是经济潜在产出水平下降。当你说这句话的时候,你已经接受了新-新古典综合这套目前主流的宏观经济学范式,它在潜移默化地改变你对世界的看法。

总之,新-新古典综合理论不是凭空而来的,而是在宏观经济学的不断辩论中,从古典到第一代新古典,到新古典综合,到第二代新古典,再到新-新古典综合,一路演变而来的。在这个历史过程中,经济学家争论的核心一直是萨伊定律是否成立:古典经济学家认为萨伊定律是成立的;凯恩斯认为萨伊定律是不成立的;新古典经济学家又认为萨伊定律是成立的;最后新-新古典综合经济学家认为,萨伊定律短期是不成立的,而长期是成立的。

基于新-新古典综合这套世界观,宏观政策只能在短期用,不能在长期用。美国次贷危机之后,中国政府不断通过刺激性政策托底经济增长,在这套世界观看来这种做法就是错误的。新-新古典综合理论认为中国现在的问题就是误用宏观政策导致的结果,认为面对经济减速应该放任、容忍,让市场出清,换来结构调整,从而实现长期持续的增长。

对中国这个转型中的经济体来讲,必须把这些经济学的理论和现实结合起来,不能盲目相信经济学教科书里的内容,进而在现实中应用。为什么我们现在的宏观经济面临很大的困难?比如2018年经济增长下行压力明显加大,民营企业压力尤其沉重,就是因为宏观政策收得太紧,因为很多政策制定者自觉或不自觉地受到新-新古典综合理论的影响。

三、理解中国经济的六层思维

理论的渊源介绍完之后,接下来谈谈理解中国经济的六层思维。我想通过对这六层思维的介绍,把有关中国经济纷繁复杂的讨论理出一个头绪。通过这六层思维的梳理,我们会更加清晰地认识中国经济。

(一)第一层思维:唯GDP论

唯GDP论其实就是"发展才是硬道理"。这句话非常重要,尤其刚刚改革开放的时候,它带来两个直接后果:第一,明确了工作方向,改革开放后,中国明确了发展的工作方向;第二,确立了发展的地位,我们要通过发展来解决发展中的问题。

但是"发展"很抽象,所以在实践中就落到GDP上,形成了唯GDP论。地方政府的GDP竞赛是我们经济增长非常重要的动力。当大家都搞GDP的时候,目标很清晰,非常容易贯彻,所以中国改革开放40多年取得的成就,很大一部分来自"发展才是硬道理"这个朴素的思维。

(二)第二层思维:空想主义市场化

如果说改革开放后中国经济工作的主要目标是经济增长,那么实现这一目标的主要手段就是市场化改革。一个是目标,一个是手段,两者之间并没有什么矛盾。

但是随着美国次贷危机的爆发，全球经济增长下行压力加大，中国的经济增长越来越依赖政府主导型的稳增长政策。这时经济增长与市场化就出现了矛盾，这种矛盾情况下接受了新-新古典综合世界观的人，会认为发展与市场化出现矛盾时，应放弃发展目标，选择市场化目标，因为这时通过宏观政策长期稳增长不现实，反而会带来很多负面作用，所以这套"空想主义市场化"的思维就开始抬头了。

空想主义市场化思维认为，当前的主要问题源自市场化程度不够，认为走老路，靠基建、房地产来稳增长会延缓，甚至阻碍市场化的推进，所以需要推进市场的出清来调整经济结构。简言之，这派观点是基于对萨伊定律的信仰，认为只要把市场搞起来，把市场面临的约束取消掉，所有问题都会迎刃而解。但是这套思路未必行得通。

（三）第三层思维：现实主义（次优理论视角）

要认识第二层思维错在哪里，我们需要进入第三层思维，借助次优理论来分析问题。次优理论视角是1956年理查德·利普西（Richard Lipsey）与凯尔文·兰开斯特（Kelvin Lancaster）两位经济学家创立的。这个理论认为，如果最优经济结果成立的前提条件不能全部满足，那么最优经济结果将无法实现；而且，在前提条件不能全部满足时，并不是满足的前提条件的数目越多结果就越好。

举个例子，假设世界上有一种病，治这个病最好的药方（最优选择）是一个有五味药的药方。但问题是现在只能找到四味药，那治这个病第二好的选择（次优选择）是什么？可能有人会说，五味药是治这个病的最优选择，那么四味药就是治这个病的次优选择。但次优理论告诉我们这是错的。比如这个方子中前四味药是蝎子、蜈蚣、毒蛤蟆和毒蛇，第五味药是天山雪莲，能够镇住前四味药的毒性，吃了五味药，第二天病就好了，但是天山雪莲找不到，你把四味毒物吃下去，可能第二天就死了。所以次优选择告诉我们，如果有一个前提条件不满足，肯定达不到最优的结果。如果你不能同时拥有治这个病所需要的五味药,可能治这个病的次优选择就是什么药都不吃。

现实中,次优理论对转型经济体特别重要。转型经济体无论是休克疗法还是渐进式改革,其理论都是次优理论。比如,经济学可以证明市场经济可以达到最优资源配置效率,理想状态下可以达到萨伊定律。但是达到市场最优配置效率有一系列前提条件,比如契约精神、价格是灵活变动的等。

当我们从计划经济转向市场经济,如果这些条件不能够同时满足,那么经济该如何转型?休克疗法派认为,要把计划经济转向市场经济,必须同时把市场经济所需要的所有前提条件一起构造出来,否则就达不到最优,走向了次优。既然在所有条件无法同时满足时,不可能达到最优,那么经济转型只能通过休克疗法,也就是说,所有政策法规必须同时全部改过来,改为市场经济的法规,所有市场全部放开,所有垄断全部破除,才能一步达到市场经济最优配置效率。

而渐进式改革派认为市场经济达到最优配置效率的前提条件(比如法规、契约精神)不可能一次性构造出来,不可能一步达到市场经济最优配置效率,只能慢慢来,在次优状态里不断摸索。如果用休克疗法,非但达不到,还会在短期对经济造成巨大冲击。苏联和东欧用的是休克疗法,中国用的是渐进式改革,这两派孰优孰劣,实践已经给出了非常清晰的结论。

从这层思维我们来反思上述第二层思维——空想主义市场化的设想。持这套理论的人用一种市场化的理想状态来看待中国经济,没有看到中国经济所面临的诸多约束条件,比如所有制结构对市场的扭曲作用等,天真地认为只要把市场都放开了,萨伊定律就成立了,一切问题就都解决了。其实不然,如果从第三层现实主义思维出发,因为前提条件不成立,所以就算把很多市场完全放开,也不能达到市场经济的最优配置效率,反而会导致经济状况倒退、恶化。

在这样的背景下,短期内不能改变的约束条件,如收入分配的状况,实际上都不是经济层面的因素所能决定的,而是与政治决策、政治环境有密切关系的,在这种情况下我们通过走老路来稳增长有时其实是次优选择。在这个意义上,虽然现实主义的结论看起来与第一层唯GDP论差不多,但是它是经过深思熟虑之后的走老路，摒弃了用西方新-新古典综合理论指导中国现实的这套方法，而采取了一种折中的办法。

（四）第四层思维：现实主义市场化

现实主义思维是对空想主义思维的否定，然而前者虽然看到了市场化所面临的现实约束，但并未给出解决办法：如果总是看到这些约束条件，总是采取折中的办法，那中国经济如何走向市场化的最优？

对此我们采取现实主义市场化方式，推进市场主义进程。现实主义市场化的过程，是市场面临的现实约束不断暴露又不断被化解的过程。以利率市场化改革为例，在放松管制的过程中，确实产生了预算软约束主体对民营中小企业的挤出效应，但也正是这种挤出，让各方清楚地认识到消除预算软约束对金融改革的重要意义。2014年下半年国务院发布《国务院关于加强地方政府性债务管理的意见》，试图清理金融市场中预算软约束的源头——地方政府融资平台。清理融资平台过程中的波折和反复，让我们越发清晰地认识到市场化改革所面临的约束条件在哪里，从而把更多的改革精力放在化解约束条件上。

其实中国经济过去几十年就是这样一步一步走过来的，经济政策不断放开调整，改革过程出现问题后找约束条件，然后对约束条件加以改进。这就是现实主义市场化，看起来和空想主义市场化类似，实则有很大不同。现实主义市场也讲市场化，但不是碰到问题就认为市场化不够，把市场搞起来就万事大吉。现实主义市场化清楚地知道市场面临什么约束条件，从而把重要精力放到化解这些约束条件上，这就是我们更加切实的市场化改革的思路。

（五）第五层思维：总设计师思维

现实主义市场化的思路给出了推进改革的方法，但疑问仍然存在：我们面临很多约束条件，如何能够突破？回顾过去几十年的中国历史，很多约束条件的突破似乎是偶然事件的结果，比如，如果当年没有小岗村，是不是"包产到户"就不可能实现等。因此有人把中国经济的成功归结为偶然的运气，这个回答显然不能令人满意。必须看到偶然背后的必然，才算真正触及中国成功的精髓。

打个比方，设想这样一个场景，有一个民风淳朴的小山村，有一天村里一个小男孩在村旁边的森林里玩耍时迷路了。村民们很着急便全体出动，开展了系统性的地毯式搜寻，把村旁边所有能找的地方都找过了，最后终于找到了小孩。在这个场景下，小孩被谁找到以及在哪儿被找到，是偶然事件，但是小孩被找到的结果却是必然的。

中国为什么能突破这么多约束条件？主要受益于两句话：第一句是"发展才是硬道理"，这句话给了所有人非常明确的工作目标——发展经济；第二句是"摸着石头过河"，中国的改革过程不是谁设计出来的，而是广大基层人民群众不断摸索出来的，大家都去试，总有人能找出办法，然后把成功经验在全国推广，就把障碍突破了。这种试错的过程本身也是市场经济分散决策的一种体现。

这两句话浓缩了中国经济成功的精髓，既有非常明确的目标，又有非常系统搜索出路的工程推进，所以突破各种约束是必然的。偶然的背后有必然，这才是中国经济成功的精髓。

中国经济现在面临的最大的危机在于：新-新古典综合这套宏观经济学思想对中国经济的影响越来越突显。如前文所述，市场派用新-新古典综合这套理念看中国，对经济改革或者经济政策中的各种问题视而不见，而声称"忍受短期镇痛，最后一定能迎来长期健康的增长"。

这样，我们经济发展的目标已经越来越模糊，过去讲GDP，目标非常清晰，现在再看宏观政策，都是"既要又要"，还要着力淡化GDP的目标导向。当我们所有东西都要的时候，会发现所有东西都要不到。另外，试错就是到处摸，一定有摸对的时候，也一定有摸错的时候，如果不允许摸错，不给试错的机会，就没有人愿意继续摸了，不试错就不可能找到突破各种约束条件的出路。

所以有些人可能说经济增长下行压力大，债务多，其实这些问题都不用担心，因为通过政策调整都可以简单化解。

（六）第六层思维：道路自信

这套理论发展成熟于西方，天然带有很多西方经济所特有的前提假设，而这个前提假设在中国是不成立的。我们要真正跳出这样的风险,需要在思想层面反思西方的理论,真正构建出更加契合中国的经济学思想,所以我要讲第六层思维。

前五层思维我们都在用西方的眼光来审视中国,比如谈到改革,无论是天真的改革,还是实事求是的现实主义市场化改革,其本质都是按照西方开出的清单,一项项打"勾",把所有"勾"都打满了就达到了市场经济最优配置效率。只不过天真的市场化改革是非常鲁莽地打"勾",而现实主义的改革是比较小心地打"勾"。

但是我们要看到,中国现在正在创造历史,中国的经验是有普遍意义的,中国相比西方有一些不同,但这些不同就是不同,并不是不好。图6.3是中、美、英三国GDP占世界GDP的比重,我从公元1年到公元2008年的数据中截取了从1820年到2017年的近200年的数据。可以发现,鸦片战争之前中国的GDP大概占全球GDP的1/3,是全球第一大经济体。鸦片战争后,中国占世界经济比重持续下滑,19世纪被美国超过,直到改革开放之前,中国占世界经济比重只有不到5%。

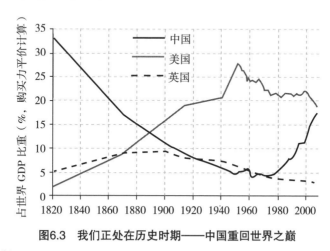

图6.3 我们正处在历史时期——中国重回世界之巅

数据来源:Angus Maddison。

改革开放之后,中国经济占世界经济比重快速回升。2014年时,按照购买力平价计算GDP,中国已经超过美国。用市场汇率计算,中国在2030年左右也会超过美国。根据经济学家安格斯·麦迪森（Angus Maddison）在其著作《世界经济千年史》(*The World Economy: A Millennial Perspective*)中的估计，过去2000年，新的"世界第一"的产生只有两次：第一次是公元1500年左右，中国超过印度；第二次是在19世纪末，美国超过中国。现在我们这代中国人将有幸亲历第三次：中国超过美国。一个曾经居于世界第一的国家，失去第一宝座之后又赢回来，这在人类历史上从来没有发生过。

这种历史时刻给我们每个人，特别是研究经济的人，赋予了新的历史使命。我们的任务是保障经济平稳增长，如果我们搞砸了，千年后的经济学家都会看着图6.3叹息：21世纪初，当时中国明明可以重回世界第一，却被他们搞砸了。所以我们要有历史担当，不仅要对得起自己，更要对得起子孙后代。

综上所述，真正能够让中国经济搞砸的风险在哪里？不是债务危机、货币超发，而是淡忘我们取得经济成就的成功经验。新-新古典综合理论有其价值，同时我们要注意到中国也有做对的地方，成功的经验要总结起来，这里我引述张五常的一段话[1]。

> 我可以在一个星期内写一本厚厚的批评中国的书。然而在有那么多的不利的困境下，中国的高速增长持续了那么久，历史上从来没有出现过……中国一定是做了非常对的事才产生了我们见到的经济奇迹。那是什么呢？这才是真正的问题。
>
> ——张五常《中国的经济制度》

这个问题的答案，不可能来自西方的学者，麻省理工学院经济学教授德隆·阿西莫格鲁（Daron Acemoglu）在其著作《国家为什么会失败》[2]（*Why Nations Fail*）中这样评价中国的增长：

---

[1] 张五常.中国的经济制度[M].北京：中信出版社，2009.
[2] 阿西莫格鲁.国家为什么会失败[M].李增刚，译.长沙：湖南科技出版社，2015.

> 中国的增长是建立在采用当前技术和快速增加的投资，而不是创造性破坏的基础上的。中国产权的保护还不完善，劳动力的流动受到制约……中国的增长或许不可持续……尽管已经持续了一段时间，但是不会变成真正的持续增长——因为持续增长是由包容性经济制度和创造性破坏带来的。
>
> ——德隆·阿西莫格鲁《国家为什么会失败》

尽管我们快速增长了40余年，阿西莫格鲁仍然认为我们不是真正的持续增长。对张五常提的核心问题的回答，只能落到我们这些中国经济学者身上。我认为，中国给出了不同于西方主流经济学观点的又一条发展道路：将清晰目标和系统性搜索工程结合起来，将市场和计划结合起来，形成长期的、持续的、在人类历史上从来没有见过的经济增长奇迹。

面对这样的奇迹，我们中国学者一定要有道路自信，要用中国叙事抢占话语权。苏联解体时，弗朗西斯·福山（Francis Fukuyama）写了一本书《历史的终结与最后的人》(*The End of History and the Last Man*)，认为共产主义失败了，所有国家最后都会收敛到西方民主上去，最后历史终结于西方民主。但是20多年过去了，历史没有终结，我相信在未来我们能看到西方叙事与中国叙事的融合，形成一种新世界叙事。这种新世界叙事将更能解释中国成功，更能提炼出中国成功经验，是一套可以运用到其他国家的系统的世界观，从而能够改变现在新-新古典综合一统天下的局面。

要形成这种新世界叙事，中国学者要做到如下几点：第一，扎根中国，中国人一定要深入中国的实践中才能够真正理解中国；第二，理解中国，不带偏见、就事论事地理解中国的问题；第三，参与到中国的发展中去，在这个实践过程中回答中国提出的问题；第四，回答中国的理论问题，构建非常契合中国世界观的理论体系，并用这套理论体系指导中国实践，才可以避免新-新古典综合世界观对中国经济发展带来的重大威胁。

总结一下，经济学辩论的核心论题是是否认同萨伊定律，而这个问题又归结到对人性到底是悲观还是乐观的认识。在对萨伊定律的争论过程中，经济学理论不断发展，最后形成了主导现代宏观经济学的新－新古典综合范式（或世界观）。只要学过经济学的人，都或多或少地接受了这套世界观，在分析经济现象时自觉或不自觉地受到这套世界观的影响。而当中国经济面临很多问题的时候，这套世界观对中国经济的实践所带来的危害是巨大的，威胁到经济的长期增长和中华民族伟大复兴的实现。

作为经济研究者，我们要承担起历史的使命，既要在中国的实践中提炼出有普遍价值的经验，并将其升华成为一套系统的理论，形成一套中国叙事；又要形成切合中国发展的理论或者世界观，指导中国实践，保障中国长期的稳定发展，最后实现中华民族伟大复兴。

第7章

金银本位与1929年世界经济大萧条

台湾清华大学经济系荣誉退休教授，
著名经济史、经济思想史专家
赖建诚

每个人的一生都会遇到几次经济大恐慌。

21世纪以来，人类遭遇的最严重的大恐慌当数2008年的那场全球性经济危机。近百年来，人类经历过的最严重的经济危机，则是1929年那次。当年，大恐慌首先发生在美国，之后迅速蔓延至英国、法国、德国等欧洲国家，远在亚洲的日本也未能幸免。那些经历了1929年大恐慌的国家有一个共同的特点：它们都是金本位国家。

1929年的汇率制度与目前实行的浮动汇率制度不同，存在金本位与银本位两种汇率制度。金本位制也叫固定汇率制，是指用黄金表达货币；银本位制顾名思义就是用白银来表达货币。当时，世界通行的是金本位制，这意味着全世界的黄金都有相对固定的价格，因此金本位国家的汇率不会出现波动；白银不是国际货币，因此价格是浮动的，银本位国家的货币也会随着白银价格的浮动而浮动。

当时的中国就是一个银本位国家，中国为什么选择了银本位？在大恐慌中不同的汇率制度选择会对国家产生怎样的影响？当货币制度发生改变的时候，发达国家、发展中国家与贫穷国家的行为方式有何不同？历史上的事情会重复发生吗?

一、大恐慌

(一)大恐慌的标志

大恐慌的标志是什么?简单来说,大恐慌有两个最直接的标志:失业率上升与物价下跌。

大恐慌的第一个标志是失业率上升。失业是指人口有意愿工作但找不到工作;失业率是指失业人口在就业人口中的占比,旨在衡量闲置的劳动产能。1929年至20世纪30年代,美国的失业率高达28%,相当于每四个就业人口中就有一个找不到工作。这意味着,假设一个人上有老母,下有妻儿,那么这个人失业,等于四个人没饭吃。由此不难理解,失业率上升难免会造成社会性恐慌。

大恐慌的第二个标志是物价下跌。大恐慌来临时,百业萧条,没有人买东西,就如凯恩斯所言,有效需求急剧下降。1929年,美国的物价下跌幅度高达40%。这意味着,假设1928年某位农民花了80万元种植作物,期待2019年秋天可以卖到100万元;但由于大恐慌,最终80万元成本的作物只能以60万元的价格售出,亏损20万元。

在大恐慌时代的生存压力下,需求的急剧下降必然会引起物价下跌,物价下跌又必然引起降价竞争,进而导致生产方因产品积压等而亏损,生产方亏损后不愿意增加员工,甚至裁员,使失业率进一步升高,进而导致需求的减少,造成生产方的持续亏损。因此,失业率上升与物价下跌这两个因素相互作用,构成一个恶性循环的闭环,使大恐慌从经济问题演变为社会问题。

(二)大恐慌的成因

发生在1914—1918年的第一次世界大战对欧洲经济造成了巨大的破坏。为了实现战后复苏,欧洲不得不向美国购买钢铁等建设物资及生产设备。在欧洲市场需求的刺激下,美国工业迅速扩张生产,经济也随之迅猛增长。

截至1924年,美国储存的黄金总额达到世界黄金储存量的50%,几乎控制了国际金融市场。在此后的5年间,美国股价飙升,这种情况一直持续到1929年10月25日的星期五,史称"黑色星期五",之后美国股价一路狂跌。

在1929年10月29日,交易所股价再度狂跌,一天之内1600多万只股票被抛售,50种主要股票的平均价格下跌了近40%。一夜之间,繁荣景象化为乌有,全面的金融危机接踵而至:大批银行倒闭,企业破产,市场萧条,生产锐减;失业人数激增,人民生活水平骤降;农产品价格下跌,很多人濒临破产。一场规模空前的经济危机终于爆发,美国历史上的"大萧条"时期到来。

目前,对于大恐慌形成的原因有四种主流假说。

1. 产业结构说

产业结构说提出,1929年欧洲复兴结束,产业开始萎缩,导致美国钢铁产业的需求减少和美国产业衰退。

2. 股市崩盘说

股市崩盘说提出,纽约发生的股票崩盘透过华尔街迅速蔓延到各地区,最终导致经济大恐慌。

有学者提出,美国股市刚崩盘时大多数国家受到的影响有限,比如法兰克福和伦敦的股票并没有受到影响。在我看来,纽约股市崩盘是一个引爆点,崩盘的蔓延是循序渐进的,最终导致各国股票先后下跌,并使危机蔓延到上海。

3. 货币政策错误说

以芝加哥大学经济学教授米尔顿·弗里德曼为首的学者提出,美国联邦储备银行在美国股市泡沫越来越大的时候踩"刹车"等于在气球上刺了一根针,这种不恰当地缩减货币供给量的做法造成市场恐慌,导致股票价格进一步下跌,引发了1929年大恐慌;因此,政府应负主要责任。目前,货币政策错误说得到很多人的支持。

4. 金本位说

凯恩斯认为大恐慌是金本位制造成的。他认为,金本位就像一艘黄金大船，所有加入金本位的国家坐在同一艘金碧辉煌的黄金大船上，一旦翻船，船上的人一个也逃不掉。

二、金本位与银本位

（一）金银复本位

在单一金本位制、单一银本位制实施前的数百年里，世界上很多国家采取的是另外一种制度：金银复本位制。

金银复本位制是指以金银两种金属同时作为本位货币的货币制度。在这种制度下，金银两种金属同时被定为法定货币；金银两种铸币均为主币，均可以自由铸造，都具有无限清偿的效力。国家会规定黄金与白银之间的交换比例，任何人都可以持纸币向银行兑换等值的黄金或白银。

金银复本位制的优点体现在两个方面：一方面，当其中一种金属产量突然增加时，可以采用另一种金属作为法定货币，避免因其中一种金属产量增长引起货币贬值；另一方面，金银的供给总量大于单一金属供给量。

在1870年前后，由于国际银价大跌，以英、法、美、德为首的国家逐渐放弃了白银的货币功能，开始采用黄金单一本位制，简称金本位制。

（二）大恐慌的元凶

为什么说"金本位制"是导致1929年大恐慌的元凶？

金本位制下，金本位国家的货币价值与黄金是相互绑定的。所以，凯恩斯把金本位制比作黄金大船：只要翻船，船上的人一个也逃不掉。这就像住在摩天大楼里的富人们一样，高层建筑在使用上非常方便，住在其中也给居民平添一份风光。可就是这样方便又体面的建筑物，却有着致命的风险：首先，在面对地震等大灾难的时候，住在高楼里的住户逃生难度往往更高。其次，高楼的所有管道都是共通的，因此，如果大楼中一户人家厨房失火失控，最终全楼会烧成一片火海。

摩天大楼的火灾只是一种假设，中国历史上也确实发生过相类的事件，那就是历史上有名的"赤壁之战"。《三国演义》里对这场战役中"火烧赤壁"的部分描写得极其精彩。当时，曹操及其部队由于来自北方，不习惯坐船，再加上一起风浪，船身摇摆不平，不方便运送人员和物资，于是将舰船首尾连接起来，制造了一片"连环船平地"。如此一来，曹操不但解决了船身摇摆不平的问题，而且视觉上也如水上长城般威武、风光。然而，周瑜、黄盖发现连环船有"一船燃，十船烧"的缺点，因此利用东南风，将曹操的连环船烧成一片火海。

这与金本位制的缺陷何其相似！金本位制就像一艘黄金大船，所有加入金本位制的国家坐在同一艘金碧辉煌的黄金大船上，然而，一旦翻船，船上的人一个也逃不掉。正是由于意识到了这点，凯恩斯才认为1929年的大恐慌是由金本位制造成的。

两次世界大战（1918—1939）期间有60个国家采取金本位制，依照金本位制的基本定义，这60个国家的货币都必须保持固定的黄金储备量。因此，这60个国家好比穿在同一条"黄金裤子"里，优点是汇率稳定，有助于国际贸易与金融交易；缺点就是1929年美国发生经济大萧条时，随着美国这头"大象"的倒下，英、法、德和其他采取金本位制的国家全被拖下水，无一幸免。

黄金大船翻了。

三、本位制度选择的重要性

当采取金本位制的欧美国家在金本位制的连锁反应影响下深陷经济危机时，亚洲不同国家分别做出了怎样的选择？

（一）金本位制的崛起

金本位制最早由著名的物理学家艾萨克·牛顿（Isaac Newton）提议。他曾先后任职英国皇家铸币局（The Royal Mint）总监和局长，管理英国货币业务。在牛顿执掌铸币局期间，他犯了一个错误：将黄金定价过高，而白银定价过低。于是，很多人购买白银并将其出口，转而把黄金卖给造币厂，这种操作造成英国的白银大量外流，货币萎缩得不见白银，只剩黄金。

1717年，牛顿向英国议会提交了一份货币报告，提出放弃金银复本位制，改为以黄金作为唯一的货币标准，这项提议最终被政府采纳。从此，英国率先走上了金本位制的道路，每盎司[①]黄金的价格固定在3英镑17先令10.5便士。

可见，英国是由于白银外流，不足以维持金银复本位制而"被迫"走上金本位制道路的。金本位的根基并不牢固，很快就难以为继。

19世纪初，英国通过产业革命逐渐发展壮大，并通过羊毛等产业优势，从国外累积了很多金银。尤其是哥伦布（Christopher Columbus）从拉丁美洲带回的大量白银，更使得白银数量上升，与黄金的价差越来越大。当时，金银比价约为1∶16，即1船黄金可以换到16船的白银。

在这种情况下，商人们发现用黄金进行交易显然更为省事。此外，用黄金计价不仅会使英镑升值，而且有利于英国控制世界经济。全世界黄金有相当一部分被英国控制，英国人发现他们不需要大炮，只要控制黄金就可以控制稀有资源，进而就能执世界经济之牛耳。1821年，英国国会以法律的形式将英国的黄金价格定为每盎司（纯度为0.9）3英镑17先令10.5便士，英国正式进入金本位制。

令人完全没想到的是，第二个进入金本位制的国家竟然是当时相对落后的德国。1871年，俾斯麦带领普鲁士统一德意志时，德国还相对落后，而且由于阿尔卑斯山产银，所以德国一直采用银本位制。但国家统一后，德国为了展示自己的"强大"，打肿脸充胖子并宣告实行金本位制。

德国的国库实力尚不足但依然实行了金本位制，这件事在当时引起很大的震动。德国实行金本位之后，与普鲁士和英国都有世仇的法国按捺不住："我的敌人比我弱都实行金本位制了，我能不实行金本位制吗？"抱着这样的心态，法国也积极抛弃了白银，实行了金本位制。接下来，美国当时虽然贫穷、落后，而且也是产银国，但在1873年，美国也实行了金本位制。一时间，

---

① 1盎司约为28.35克。

全世界好像到处都在实行金本位制。

（二）日本的脱亚入欧

日本在明治维新之后，一直试图脱亚入欧。在欧美国家先后实行金本位制的背景下，日本认为实行金本位制可以与当时主要实行银本位制的亚洲国家"分割"开。因此，日本将实行金本位制作为它脱亚入欧的标志。

当时，日本的金银储量不足，但知道隔壁有个国家又穷又弱，可以抢一顿。于是，中国历史上自鸦片战争以来赔款最多的一场战争——甲午战争，爆发了。为了加入"黄金俱乐部"，日本将赔款用英镑存到英国伦敦银行，并通过这种方式"买"了个金本位制。

日本是第一个实行金本位制的亚洲国家。不过，日本在实行金本位制后便宣称脱亚入欧——它不再是亚洲国家，而是欧洲列强了。

（三）中国的银本位制

自金本位制崛起后，国际银价一直下跌；多国实行金本位制后，银价跌得更加厉害，因此关于中国是否实行金本位制的讨论一时间也甚嚣尘上。当时，梁启超主张中国实行金本位制。他认为日本实行黄金计价后，贸易增加很多；反观中国，生产的丝绸、茶叶，只能换回白银，1月1日收到的100万两白银，到12月31日便贬值了30%，辛苦一年，完全白做。光绪皇帝闻言也十分犹豫，有些意动。然而此时，张之洞反对说：国库赔了巨额钱财后银子没了，别说实行金本位制，银本位制都快保不住了，我们适合实行铜本位制。所以，清朝由于赔款太多，国库空虚，便一直实行银本位制。

（四）本位制度的选择及影响

日本实行金本位制后，反而进入了"悲惨世界"。日本1897年实行金本位制，直到1914年第一次世界大战爆发，金本位制被迫停止。1925年，丘吉尔（Winston Churchill）咬牙恢复金本位制，全世界欢庆。可仅仅撑到了1931年9月，英国便单方面宣布脱离金本位，其中一个原因是第一次世界大战导致世界经济崩溃，英国遭遇了巨大破坏，自顾不暇；另一个原因是1929年发生了经济大恐慌，世界经济陷入萧条。在英国脱离金本位制之后，德、法等国迅速跟进，金本位制走到末路。

1897年日本靠发动战争抢钱实行金本位制，在仅仅12年后，便因战争原因被迫停止金本位制，直到1925年才勉强恢复。然而，日本高兴了没多久，紧接着1931年，金本位制便彻底崩溃。短短不到40年间，日本的货币体制跟着世界的潮流上下摆动，货币完全不由自己决定，给日本民间造成了很大的动荡和损失。

相比之下，中国反倒可以算是因祸得福。甲午战争赔款后，中国由于没有钱实行金本位制，便一直停留在银本位制。银毕竟是贵金属，跌到谷底时总会反弹，中国汇率是由白银价格决定的，银价上涨便使得中国汇率变好。此外，由于之前世界范围内普遍实行金本位制，当白银不是货币的时候，便只是一种金属，这时只有中国要白银，于是全世界的白银都流入中国。

1929年，在国际物价下跌40%的时候，中国物价反而逆势上涨12%。可以这样说，1927年到1937年的10年是世界的经济萧条期，但也正是中国的黄金建设期。中国因为没有实行金本位制而逃过一劫。

四、欧元的命运

当国际上普遍实行金本位制的时候，还在实行银本位制的国家大多是一些落后、贫弱的国家。比如当时的中国、墨西哥、印度、西班牙等国，当时这些国家都在困苦中挣扎，受到国际金融体制的摆布，无法自主。

如果说银本位是观察人类行为的重要窗口，那么通过理解金本位这种将各国绑在一起的货币体系，就能发现今日的欧元也有类似的问题。当年英国扮演的角色，今日由德国在欧盟扮演了；而当年那些受困于金融体制的国家，与今天的希腊又何尝没有一点相似之处呢？

当一个国家经济衰退时，如果没有货币主权，一般有三条路可以选择：印钞票、发行公债，以及贬值。但欧盟国家，特别是身处欧元区的欧盟国家，既不能印欧元，也不能贬值，因为大家绑在一起，牵一发而动全身，这就是希腊面临的困境。

由于希腊位于有"欧洲火药库"之称的巴尔干半岛西南方，只要这个地区发生动乱，欧洲一定"爆炸"，这是欧洲国家所不愿见到的。所以，欧盟援助希腊，维持欧元体系不崩溃，是一个明知不可为也要为之的选择。否则，当年金本位制崩溃后的经济大恐慌就是前车之鉴。

所以，今日欧元的问题与金本位制的问题是一样的，而金本位制最终的命运，冥冥中也昭示着欧元的命运。

从这点上看，人类从历史上学到的最大教训，就是人类永远不吸取教训。

历史之思

第8章

如何看待历史书?

复旦大学教授、中央文史研究馆馆员
葛剑雄

现在历史类的书很畅销,有些还上了排行榜。有人问我这些到底算不算正式的历史,我认为其中相当一部分优秀的著作是有价值的,但是这些未必就是真正的历史。要弄清楚什么是历史,首先要弄清楚从孔子编写《春秋》到现在,为什么中国如此重视历史。中国积累下的历史书,特别是官方认可的历史书,的确是世界上最多的。

一、什么是历史?

有人说"过去的事情就是历史",这种说法是错误的。新闻报道大部分是过去的事,但这是历史吗?不是。过去留下的记录,不能自动地成为历史,只有经过写历史的人有意识的选择才能成为历史;如果不选择,这些记录不过是史料,无用且不现实。例如,关于美国前总统约翰·肯尼迪(John Kennedy)遇刺的档案就有几十万件,但这几十万件档案不能成为一部肯尼迪遇刺的历史,因为内容太多,而且其中一部分是没有用的,甚至可能是假的。

有人认为,历史"自然选择"就可以,不需要有意识。但是写历史就是给人看、供人用的,因此,所谓"自然选择"是不存在的。

此外，选择也需要有标准，如果写作对象是政治家，那么可能会优先选择政治方面的史料；如果写作对象是艺术家，那么可能会优先选择艺术方面的史料。但也有一些例外，比如要写政治家，照例应该选择记载他开会发言或决策的史料，而不会选择记载他上厕所的史料。但是，偏偏历史上有一些很重大的事情就是发生在厕所的。这个要不要记录？由谁来判断呢？还是要由人来判断。即使未来人工智能很发达了，除非人工智能已经到了有自己思想的阶段，否则它是做不了这些事的。

要选择就要受到种种限制。有人说，历史学家要"为公"，但"公"的标准也不同。中国古代皇帝所谓的"天下为公"，其实就是天下为我。

那么，史官应该站在什么立场上呢？按照中国的传统，皇帝生前是不能看自己的历史的。有一次，唐太宗把褚遂良找来，要求看自己的《起居注》。褚遂良以祖宗规矩为由拒绝了。但唐太宗又找了监修国史的房玄龄，理由是：以前的皇帝要看自己的历史是想修改得对自己有利，但我是要看你们有没有实事求是地写。房玄龄只好把唐太宗的历史整理出来一部分让他看。

果然，唐太宗对"玄武门之变"的记述不满意，史官只好重新写，直到唐太宗满意为止。这个"满意"的结果就是我们现在看到的"玄武门之变"——唐太宗的哥哥、弟弟阴谋陷害他，他被迫杀了他们和十个侄儿。然后，他的父亲唐高祖李渊欣然说：我早就想把皇位传给你了，并自愿做了太上皇。这就是唐太宗认为"实事求是"的历史。

另外，每个人都有自己的价值观念，史官自然也有他认为的主流价值观念，他的选择未必是客观的，中间还牵扯到很多个人的利益、感情，因此不选择是不现实的。然而选择没有一个统一的、一贯的标准，不可避免地会导致一部分历史被篡改，一部分历史被湮灭。

二、为何中国人特别重视历史？

中国人向来特别重视历史。自从《史记》以后，大多数的历史都是在后面的朝代建立以后，由官方为前朝修撰、审查并正式颁布的，这叫作正史。

新建立的朝代往往把修史作为第一任务，即使百废待兴、财政困难，新的朝代也一定要拨款招人来修史。

最早的历史记录的作用是向主宰着这个社会的"天"报告。这是因为君主（后来的皇帝）是天子，他的智慧、力量，乃至合法性都来自"天"，因此他统治下的一切事务都要老老实实地向"天"报告才能得到"天"的庇佑。一旦失去了"天"的庇佑，就失了"天命"，朝代必然灭亡。

人类从早期开始就出于好奇记录以前发生过的事。但是，自从有了国家、政治集团这些概念，统治者马上就把这些记录和自己政权的稳定性、合法性联系起来了。

而在一些神话特别发达的民族和国家，往往没有历史记录，因为人们可以直接求助于神。例如，古希腊神话很发达，但古希腊的历史记录却不像中国这样发达。因为，古代希腊人认为自己的力量是有限的，需要神的支持和保佑。所以，古希腊神话的种类很多，也很全面。

虽然中国的文字不是最早出现的，但是起点比较高，因此可以记录各种情况。这样一来，中国古代的巫师就可以把下面的统治情况向"天"汇报。巫师还有一个任务，就是占卜，即探测天意。例如，甲骨文中就有很多卜辞用来占卜吉凶。巫师被认为拥有与"天"沟通的能力，因此在古代，他们承担了记录大事，向"天"报告的责任。

后来，随着统治者的责任越来越重，统治的范围越来越大，需要记录的事情越来越多，巫和史分家了——巫负责报告联系，史负责记录。甲骨文的"史"是个象形文字——一个人手里拿着一块板，正在记录（见图7.1）。

后来，不仅有了专门的史，还分出了不同类型的史官，传统的说法是"左史记言，右史记行"。由于用木板或竹片来记录没有那么快，所以史官就分工了，在君主左边的，负责记录他的言论；在君主右边的，负责记录他的行动。这些记录会被密封在一个柜子里，君主生前是不能打开的。君主死后或下台后，史官当众打开这个柜子，把这些木板或竹片整理出来，形成一部历史。当时的历史有不同的名称，比如孔子编撰的鲁国历史名为《春秋》。

图7.1 甲骨文的"史"

这种历史讲究实事求是,所以史官要独立记录,不能受到君主的干扰。历史上像唐太宗这样干涉史官的君主只是少数,大部分君主不敢私自修改记录,因为史官的记录是向"天"汇报的,私自修改记录是"欺天"。在当时的人看来,"欺天"是不得了的罪行。

三、史官记录的就是历史真相吗?

但是,史官记录的也不一定都是真相,因为史官不仅仅根据历史事实记录,也要根据当时的主流价值观念判断某件事情的好坏及合法性。比如孔子赞扬晋国的史官董狐:"古之良史者也"。当时晋灵公荒淫无道、穷奢极欲,大臣赵盾多次规劝他,晋灵公不但不听,反而派刺客去刺杀他。刺客在后半夜翻墙到赵盾家,发现天还没亮赵盾已经穿戴整齐准备上朝。刺客感到很为难:这个人如此忠于国家,如果我把他杀了,那我就变成不忠了;但主人派我来杀他,我已经答应,如果不完成那就是不信。两难之下,据说这位刺客最后撞树自杀了。他死前没有遇到人见证,当时也没有录音和手机,无法证明他死以前的想法,也无法证明他到底是如何死的,但因为这种说法符合当时的价值观,所以人们深信不疑。

赵盾知道晋灵公要杀他,于是就逃跑,但他还没离开国境,其拥护者就把晋灵公杀了。

史官董狐记录"赵盾弑其君",意思是赵盾以下犯上,杀死了他的君主。

赵盾质问董狐：你怎么能说是我杀的国君呢？董狐义正词严地说：你是大臣，弑君的时候你还没有离开国境，后来你也没有惩罚那些弑君的人，所以你要为此事负责。赵盾哑口无言，只好让他这样记录。赵盾害怕是因为史官的记载是向"天"报告的。董狐认为，国君再坏，人臣也不能弑君。

再举一例，齐国的国君和大臣崔杼的老婆通奸，还把崔杼的帽子拿到外面去炫耀。崔杼认为这是奇耻大辱，就逼着老婆把国君骗到家里杀了。史官也不客气，记录为"崔杼弑其君"。崔杼要求史官修改，史官坚决不改。崔杼于是威胁他如果不改就会被杀。第一位史官坚持不改就被杀了。第二位史官（第一位史官的弟弟）也坚持不改又被杀了。第三位史官（第一位史官的小弟弟）还是不改，这时崔杼害怕了，因为他知道史官是杀不完的，而且自己的罪加重了。所以，他只好叹口气说：你们想怎么记就怎么记吧。所以，这样的史官，得到后人的赞颂。文天祥在《正气歌》中写道："天地有正气，杂然赋流形……在齐太史简，在晋董狐笔"，说明文天祥把那些史官作为自己的楷模和道德的典范。

> 天地有正气，杂然赋流形。
> 下则为河岳，上则为日星。
> ……
> 时穷节乃见，一一垂丹青。
> 在齐太史简，在晋董狐笔。
> 在秦张良椎，在汉苏武节。
>
> ——文天祥《正气歌》

但是，这种评价也是片面的，虽然崔杼是以下犯上，但齐国国君的恶行却并没有被记载。根据当时的价值观，无论什么原因，只要以下犯上，史官就会记录"弑其君"。所以，古代史官是为当时的政治，或者现实的主流价值观服务的。

四、孔子开创的记录历史的标准

孔子对上述史官的评价也反映在了他自己编纂《春秋》中。孔子是伟大的教育家、思想家，同时也是伟大的历史学家。他编纂的《春秋》被后世称为史学的楷模。

孟子说，"孔子成《春秋》而乱臣贼子惧"。也就是说，孔子编纂《春秋》，乱臣贼子都害怕。因为当时人们害怕天、鬼、神和祖宗，所以，孔子如果在《春秋》中对某人做出不利的评价，这个人不仅本人会被永久地钉在耻辱柱上，受到天、神、祖宗的惩罚，还会祸延子子孙孙、世世代代。

还有一句评价《春秋》的话是"荣于华衮，乃《春秋》一字之褒；严于斧钺，乃《春秋》一字之贬。"翻译过来就是，孔子如果在《春秋》中对某人用了褒义词，这个人就好像穿戴上了华贵的衣冠，身价百倍，永久荣耀；相反，如果孔子用了贬义词，那么这个人就会像刀砍斧劈一样难受。

如果是彻底的唯物主义者，那么对史官的记录就不会害怕，因为人死后别人也奈何不得。但因为当时的人们都相信人死后会进入另一个世界，所以秦始皇、汉武帝在享受的时候，也会担心史官有不好的记录。如果史官向上天报告不好的事情，上天降下责罚，他们的朝代就无法延续。这从另一个角度说明孔子等史官们的重要性。

孔子的另一个做法是"为尊者讳""为贤者讳"，意思是地位尊贵的人和贤德的人，即使犯了错误，做了不好的事情，也要为其隐瞒。如果实在不行，就"笔则笔，削则削"，即该记的记，该删的统统删去。可见，孔子记录历史有三个原则：第一，坚持当时的主流价值观念；第二，为有地位、有道德的人隐瞒负面内容，防止产生不利影响；第三，不宜的史料要全部销毁。

从孔子以后，所有官方承认的历史书都是经过这样的标准保留记录下来的，但这并不一定是历史的真相。

比如，孔子在《春秋》中记载"天王狩于河阳"。"狩"是指古代的君主或贵族的一种集围猎、祭祀为一体的活动。从表面上看，这句话是说周天子到河阳去举行"狩"的活动。但是历史的真相是当时周天子根本不是去狩猎的,而是因为几个强大的诸侯在河阳会盟,要求周天子也去参加。因为周天子虽然名义上是他们的共主,但实际上早已名存实亡,因此不得不听从诸侯们的要求。

孔子认为这是奇耻大辱,但天子离开京城这样的大事又不能不记,所以"为尊者讳",于是记成"狩"。这在我们现在看来完全是歪曲事实,但在古代却得到人们的普遍赞扬,认为孔子真了不起。此后,在中国的历史书中,"狩"就变成皇帝、太后出逃或被俘的固定说法。比如,北宋末年,金人攻占开封,把宋徽宗、宋钦宗父子抓到了黑龙江,他们最后死在了那里。但在宋史中,这段历史被称为"二帝北狩"。清朝末年,八国联军攻进北京,慈禧太后和光绪皇帝一路逃到了西安。但是,这在清朝的历史中被称为"两宫西狩"。这种中国历史的记录标准就是孔子开创的。

五、历史为当朝服务

古时,中国官方之所以重视历史,是因为历史并不是为了记录史实或是供后人借鉴,其最大的功能在于证明本朝得天下的正义性和合理性,用当时的话讲,叫作"得天命";而前朝之所以灭亡,并不是个人原因,而是因为"失天命"。这种历史对巩固政权非常重要,甚至比军队和金银还重要。例如,明亡以后,清廷很快就组织修撰明史。之所以这么着急,就是因为清廷在消灭明朝残余势力的过程中遭到明朝遗民的激烈反抗,清廷在明朝遗民心目中缺少合法性。在这种情况下,如何让明朝的遗民接受其统治,就是当务之急。而解决这个问题的一个办法就是修撰明史。

当时,刚死不久的崇祯皇帝虽然生前残暴而多疑,但是他在位17年间一直勤勤恳恳地超负荷工作,并没有什么荒淫无道的行止。尤其是他最后自杀殉国,非常容易博得百姓的同情。所以,清廷入关后,马上为他举哀,允许老百姓为他戴孝,并为他谥号为"思",承认他是皇帝。同时,清廷通过修撰明史来证明,明朝的灭亡绝不是崇祯皇帝个人的问题,而是因为明朝已经失掉了天命，而大清得了天命。

当时，南明政权还在，史可法据守淮河。清廷的摄政王爱新觉罗·多尔衮写信劝降，内容大意是：我们大清进关是为了帮你们报仇，你们的皇帝不是被我们逼死的，而是被李自成这些流贼逼死的。我们入关把李自成赶走了，又厚葬了你们的皇帝，你们应该感谢我们，为什么还要抵抗呢？

有人认为这封信是伪造的，即便如此，也证明了当时的一种逻辑关系。据说，史可法义正词严地回信道：如果你们真是为我们报仇而入关的，那么我们非常感谢。现在仇已报，你们应该回长白山去，为何占据北京不走，而且还要到南方来呢？清廷回答：我们何尝不想回去？是老天爷不让我们回去。现在天命到了我们这里，我们如果推卸历史责任，就要得罪上天。

在历朝历代的历史书中，如何证明前朝已经失了天命，本朝得了天命？答案是通过修史。历代史书中都会把开国皇帝神化，比如《史记》中记载，周人祖先后稷的母亲姜嫄不小心踩到一个巨人的脚印，回来就怀孕了。当时的人们因此认为后稷是神的孩子，那当然就是得天命了。又如《史记》中记载，有一天，刘邦的母亲在水塘旁边睡着了，刘邦的父亲去找她，看到风雨大作，一条龙在他母亲身上翻滚，后来刘邦的母亲就怀孕了。当时的人们因此就认为，刘邦是龙的孩子。类似的吉兆还有很多，如宋太祖赵匡胤出生时"红光满室"；有的朝代兴起时麦子生出几个穗的"嘉禾"，或者出现了灵芝、甘露等。

相反，朝代灭亡前就会有很多"凶兆"。比如，我们在整理中国地震史料时发现，第一条史料发生在夏朝最后一位君主夏桀时期，第二条比较重要的史料发生在西周末年的周幽王时期。又如，中国的《春秋》是世界上第一部记录太阳黑子的史书。这并不是因为孔子有科学观念，而是因为当时的人们认为太阳里有黑子，说明国君有问题，因此国君要深刻反省，便记录下来。在天人合一、君权神授的观念下，地震、太阳黑子、日食等现象都是老天爷在对国君发出警告。

其中，最严重的警告就是日食。因为太阳象征皇帝，太阳变黑了，说明皇帝被黑暗势力蒙蔽了，就需要有人挽救皇帝。在秦汉时期，史官同时要负责观察天象，比如司马迁父子都是天文学家。当时，史官必须准确预报日食，如果漏报，就要杀头。

此外，直到清朝，天文都是国家垄断的知识，只有官方才能解释天象。如果有人私下教授天文，便是死罪。否则，如果任何人都可以解释天文现象，那么这对官方来说就很危险。

举个例子，汉光武帝有位好朋友叫严光（字子陵），一次被请到宫里去谈过去的交往旧事。两人一直谈到深夜，光武帝留严子陵同床睡觉，严子陵也不推辞，睡到半夜，竟把一条腿搁到皇帝身上。次日太史奏报：臣昨夜仰观天象，发现有客星冲犯帝座。光武帝沉思片刻，忽而恍然大悟，哈哈大笑道：哪里是什么客星冲犯帝座，是朕与好友严子陵同床而眠，他的一条腿搁到朕身上了。

类似的记载可以解释天命。汉朝时，只要出现日食，皇帝就害怕了。严重时，皇帝要下诏罪己，并号召大臣直言直谏。因此，每次地震、日食，大臣就会趁机向皇帝谏言，因为这代表天意。此外，皇帝还要从豪华的宫室搬到光线较暗的小房间里去，换上素净的衣服，还要"减膳""撤乐"，不能亲女色。皇帝要闭门思过，争取上天的宽恕。当然，一旦日食过了，皇帝就认为自己已得到宽恕，便又可以自由自在了。

历史还要为朝廷统治服务。比如清朝乾隆皇帝曾下令，凡是当初忠于明朝而牺牲的人，一律进《忠臣传》；相反，投降清朝的洪承畴、钱谦益等人，即使曾为清朝立下汗马功劳，也要进《贰臣传》。贰臣，顾名思义，就是伺候过两个主人的臣子，就是叛臣。乾隆皇帝认为，这些人对大清虽不无微功，但大节有亏，所以要放在《贰臣传》中。

清廷还通令各地在修方志时也要遵循这一原则，凡是当年抵抗清兵南下而死的，官员进《忠臣传》，老百姓进《义民传》，女人进《节妇传》。这些措施让传统知识分子和地方的乡绅扬眉吐气，也让中国的传统价值观得到了延续和弘扬。

之所以这样做，是因为当时乾隆皇帝需要的就是维护中国的传统价值观念，他希望百姓像忠于明朝那样忠于清朝，因为清朝已经得了天命。清廷还宣布袁崇焕是忠臣，并为他平反昭雪、建庙祭祀。以上这些措施对稳定人心发挥了非常大的作用，所以一直到清朝灭亡，明朝的一些汉族遗老遗少仍赞扬"自古得天下未有如本朝之仁者"。

到乾隆年间，汉族知识分子基本上已经认同清朝，因为尽管清朝皇帝是满族人，但清朝延续了中国传统文化，因此是正统。所以，清朝主要不是靠杀人或文字狱，而是靠修史肯定主流价值观念，证明清朝得天下的必然性、正义性，进而争取到认同的。

尽管历史是经过有意识选择的产物，但历史学家仍然要追求历史真相，就像追求真理一样，不断向真相靠拢。只有研究、了解历史真相，才能更好地为现实服务。要把历史研究和研究成果的运用分割开。正如科学无国界，但科学家是有国界的，历史无国界，真相只有一个，但历史学家是有祖国的，遵守宪法、维护国家利益仍然是考虑的首要因素。

第9章

儒家传统与英式自由主义

中国经济 50 人论坛成员、著名经济学家

盛洪

一、误读中西，何来比较？

本文的内容是我的《儒学的经济学解释》中的一个话题，也是我 20 多年来一直秉承的信念，只是在本文中进一步把它深入挖掘了。

这个题目其实经常看到，两种事物或现象的对比，尤其是中国的学问和西方的学问的对比，或者中国的某一种文化传统和西方的某一种文化传统的对比。但大量的这种对比都对比错了。因为人们对所谓的中国的文化或者中国的学问，以及西方的文化和西方的学问，都误读了。

我们谈"西方"就是错的，因为"西方"是一个太大的概念。西方有很多国家，有很多传统。假如说"西方是这样，中国是这样"，这种讨论没有任何意义。因此我经常强调一点：不要用全称判断，因为这个世界太复杂了，你说"西方"，但西方那么多的国家，那么多传统，你到底说的是哪个"西方"？比如说我们经常会说"英法自由主义"，但我们说这个话的时候犯了一个大错误，因为英法的自由主义是完全不同的。所以，我今天的题目中有一个词是"英式自由主义"。

二、两种自由主义

西方经济学的主流是"经济自由主义"。在当代,很多人都读过哈耶克的著作。但是,如果只对哈耶克讲得最多的"自由"印象深刻,如果只了解"自由主义""自发的秩序"等概念,那么就很难再深入把握哈耶克的思想。

所以我建议大家再深入地读一读哈耶克的作品。哈耶克的经典著作之一是《自由秩序原理》(*The Constitution of Liberty*),其中第四章的标题为"自由、理性与传统",讲到存在两种自由主义:一种是英式的自由主义,是经验的且非系统的自由理论传统;另一种是法式的自由主义,是思辨的、唯理主义的自由主义。

哈耶克指出,在绝大多数知识分子那里,这样的区别和辨析是不存在的。所以他说,"尽管当下人士一般都将上述两个传统的代表人物混为一谈,视作现代自由主义(Modern Liberalism)的先驱,但是他们各自关于社会秩序的进化及功用,以及自由在其间所起的作用的观点,实在区别太大,难以想象。"也就是说,英式自由主义与法式自由主义虽然都叫自由主义,但它们有根本的区别:经验的且非系统的自由主义更相信经验,而这种理论传统,不是一个完整的,或者一个逻辑周密的体系;思辨的、唯理主义的自由主义,更强调人的理性对系统(比如经济系统)进行的思考、分析、把握。

按照哈耶克的说法,"只是英国认识并懂得了自由,而法国则否。"言下之意,英式自由主义才是真正正确认知的自由主义,而法式的自由主义是没有真正正确认知的自由主义。

哈耶克认为,英式自由主义"基于对自生自发发展的但却未被完全理解的各种传统和制度所做的解释"[1],而法式自由主义,有一种构建完美社会的理想,类似于要设计一个完美的建筑图纸,然后把旧的房子推倒,再按照这个图纸建造新的房子。当然,哈耶克认为后者是在"试图建构一种乌托邦"。

---

[1] 哈耶克.自由秩序原理[M].邓正来,译.北京:生活·读书·新知三联书店,1997.

但是，不要以为哈耶克肯定的这种自由主义在现实中就一定会占据上风，实际不然。这是最讽刺的，同时也是人类社会经常会出现的情况：一个更接近真相的认识或理论，往往不被别人接受；而一个更远离真相的理论，反而会被别人接受。

哈耶克讲：然而不无遗憾的是，由于法国传统的论辩相当唯理、像是有理、似合逻辑，又极为夸张地设定了人的理性具有无限的力量，所以渐渐赢得了影响并为人们所欢迎。但是英国的自由传统却未曾阐释得如此清楚，也不那么明确易见，所以日渐式微。

我们大可得出这样一个结论：一个理论能否被接受与这个理论表达得是否优美有关，往往那些非常自信的，认为自己参透了社会这个复杂系统的理论，在表述上逻辑严密、结构宏大、自成体系，更容易赢得尊重。显然，法式的自由主义占了上风。

三、英式自由主义

再进一步讲，什么是英式自由主义。学过经济学的人应该特别能够理解英式自由主义，因为经济学中一个非常重要的概念——"自发的秩序"，就来自哈耶克。一个典型例子就是市场——市场并不是个体依靠自我理性而设计出来的一种制度，市场是人们为了追求自身利益最大化，通过交易、互动，最后形成的一套规则。基于市场，又形成了价格体系，价格体系进而指导资源流向，使资源配置更为有效。所以，"自发的秩序"暗含了最好的秩序、最好的制度之意。

问题是，我们完全理解市场吗？我们似乎理解但又不完全理解。价格体系是人类偶然发现的一种制度，我们虽没完全理解它但已经能很好地运用它了，就好像我们不懂得电脑工作原理也可以使用电脑一样。

市场中众多分散的个人，通过平等自愿交易，互动博弈后形成的价格均衡、数量均衡就是一种秩序和规则。那么，市场为什么会是有效的呢？首先的一个要点就是"同意"，即市场中任何两个人，买家和卖家，通过讨价还价，最后达成了一致意见。同时，同意的前提是自愿，这也就意味着如果一个市场中的两个人都同意一桩交易，那么这个交易一定是最有效率的。因为一个人同意意味着他认为这个交易对自己至少无害，可能还有利；双方如果都同意就意味着这个交易一定不会损害其中任何一个人，还会有所增益。所以任何一个同意的交易，一定会带来交易红利。

其次是"试错"。市场中的人，不见得都会一下子找到合适的价格，讨价还价时可能会有很多错误，但市场是容忍试错的，一个人如果这一次亏了，那么下一次便会调整。

再次是"多次重复的博弈"。没有重复也就不存在市场，"一锤子买卖"无法形成市场的均衡价格。

最后，市场中可以"互相参照"。你买的电脑多少钱，我买的电脑多少钱，我们可以互相参照。通过互相参照，价格最后会趋向均衡，最终的价格体系是众多分散的个人进行多次交易而自动形成的结果。

除此之外，当然还有"长期"。最后要形成这样的结果，时间也非常重要。

值得一提的是，上文中提到的"同意"，暗含了市场交易的双方都是权利平等的个体，他们自愿进行谈判，自愿达成一致决定，不存在强制。而不存在强制，在哈耶克的定义里很重要。哈耶克认为，什么是自由？自由就是将强制性降至最低的状态。市场的特点就是自由，没有强制，而这种自由的状态也是最有效率的状态。当然哈耶克只证明了一部分，并没有完全证明。

四、从"市场有效"到"习惯有效"

市场之外，我们可以进一步探讨习惯和传统。习惯是不是一种自发的秩序？传统是不是一种"自发的秩序"？其实市场就是一种习惯。如果我们仔细观察就会发现，宗教场所周边都有市场，例如拉萨大昭寺周边的八廓街就是一个市场。人们去大昭寺进行宗教活动时碰到一起，就逐渐把宗教活动同时变为一种市场交易活动。

事实上，市场就是一种习惯——这次参加交易能带给我好处，下次交易也还能带给我好处。与市场的形成非常类似，习惯是在众多分散的个人互动和博弈中形成的。比如我们有一个简单的习惯，不小心踩了别人的脚会说声"对不起"，别人会说"没关系"，没有人规定一定要这样做，但这种习惯很早就形成了。

回到哈耶克，虽然对于哈耶克的自由主义，我们过去的理解更加强调市场、经济自由，但实际上其绝不只是市场。哈耶克强调"自发的秩序"时，一直有一个现实的对应物，就是习惯、习俗。所以他说，如果对习惯、习俗以及"所有那些产生于悠久传统和习惯做法的保障自由的措施"缺乏真正的尊重，就很可能永远不会存在真正对自由的信奉，也肯定不会为建设自由社会而努力。

在哈耶克看来，自发秩序的现实对应物不局限于市场，还有习惯、习俗。哈耶克对自由的定义在这里等同于有效。因此，他认为，遵循这些习惯、习俗和传统的行为，一定会带来有效的结果。

我们经常会忽略哈耶克讲的这些内容。"自发的秩序"是一个抽象的概念吗？不是，哈耶克把看得见的"自发的秩序"摆出来，其就是习惯和习俗。虽然市场也是一种习惯，但习惯与市场是有区别的。市场是交换产品和服务的；而习惯是交换行为的，用自己的行为去交换别人的行为。有时候这些行为是对称的，有时候这些行为是相同的。对称并不见得相同，比如"对不起"和"没关系"。对称的行为经过交换就形成习惯，这种习惯一定是人与人共同形成的，所以习惯是交换行为，我们就可以通过理解市场去理解习惯。

虽然习惯与市场在本质上没有太大的区别，但是人们常常认为市场很好，习惯不好，这是很有意思的事情。对于哈耶克而言，市场是好的，习惯也是好的，习惯其实与市场一样旨在交换东西，都是在自由、自愿平等的基础上，经过各方同意后进行的交换。

自然而言地，我们把"自发的秩序"从市场推广至习惯。我们已经证明了市场有效，因为双方都同意的交易是最有效的交易，那么双方都同意的习惯是什么？是最有效的秩序和规则，也就是所谓的"习惯有效"。

五、理性有限的人解决复杂系统问题的简单解法

上文我们用经济学对市场进行了分析，证明市场是有效的，但按照哈耶克的标准，我们只证明了一部分。正如理解市场一样，我们也会用理性去思考、分析和把握习惯。

但众所周知，人的理性是有限的，而系统是复杂的。我们对近代以来人类在科学上的成功感到特别自豪，但是人类在科学上的成功都是简单系统的成功，而非复杂系统的成功，比如，围棋就是简单系统，只有两个维度，324格，很有限。而社会系统的复杂度远远高于围棋，有限的理性是无法将一个非常复杂的东西分析透彻的。

从这个意义上来讲，人类其实要思考如何解决复杂系统的问题。一直以来，人类有一些用简单方法去解决复杂系统的捷径，比如依靠经验。虽然我们不知道我们打交道的系统的运作逻辑是怎样的，比如价格体系，但这并不妨碍我们靠经验去使用。这是人类简化问题的方法，靠经验形成习惯，而且这种经验几乎不用专门的理性去形成。

当然，除经验积累外，人类还要用理性去思考和把握。但要注意的是，人类注定不能全部理解，这是因为我们的理性无法达到那个高度，人类不可能那么聪明。没有别的办法，人类只有敬畏。

所以"自发的秩序"的一个现实对应物就是习惯，但是"自发的秩序"又是一个具有某种神圣性的概念。

为什么敬畏是一种正确的态度？因为这类似"人择原理"[①]。为什么宇宙发展成这个样子？让太阳系形成了，让地球形成了，又让地球形成了能够生长出生物的体系，最后这个生物体系又产生出人这样的高级动物。回答是，唯有如此，才具备问这些问题的前提。

---

① "人择原理"（Anthropic Principle），是一种认为物质宇宙必须与观测到它的存在意识的智慧生命相匹配的哲学理论。——编者注

之所以要敬畏，是因为唯有如此，这种"自发的秩序"才能一直通行。人类发展到今天，绝大多数时候依靠的都是"自发的秩序"。经济学家们也多有谈及，比如亚当·斯密说，什么是最好的制度？自然形成的制度是最好的制度。什么是最好的企业规模？另一个年代更近一些的经济学家乔治·斯蒂格勒的回答是，最有活力的企业规模就是最好的企业规模。依靠"自发的秩序"走到今天，人类社会达到了一个发展、繁荣的状态，所以这个秩序就是好的，因此在不懂它的时候，要有一种敬畏的态度，英式自由主义的态度就是这样的。

这是一个恰当的文明规则。这种恰当第一要靠经验；第二要靠理性，因为有了经验以后，就要对经验进行理性思考；第三要知道理性是有限的，所以要敬畏，基本就是这样一种逻辑。与之相对应的，首先要尊重习惯，习惯是好的；其次要对习惯进行思考，从中提炼出理性的原则，形成习惯法，以至价值原则；最后即使这样也不能解决所有问题，所以要敬畏"自发的秩序"。这就是人类学到的东西，这也是我讲的英式自由主义的基本框架。

当然在这里更应强调的是习惯本身，因为习惯是非强制的社会秩序，是通过自愿的互动形成的，而这一定更接近"自发的秩序"，所以这个习惯是好的。而由习惯形成的一些原则，应用到法律里，就形成了法律。这些法律是强制性的社会规则，相对于习惯来说差一点。这是一个基本的理念，可以让我们把握住什么是更重要的，什么是次要的。

六、普通法思想传统

在上述讨论的基础上，我们可以进一步思考英式自由主义对英国的法律、政治，以及国家建设的影响。在这里，哈耶克强调的经验的且非系统的东西恰好和英国的一个非常独特的普通法传统有关。目前世界上的几大法系中，英美法系是普通法法系，其背后的思维模式是英式自由主义思维模式：第一，强调经验更可靠；第二，会对经验进行思考；第三，对自己无法完全把握的经验心存敬畏。哈耶克也强调，"我们所说的'英国传统'……所利用的资源主要是那种植根于普通法法理学中的思想传统。"哈耶克讨论"自发的秩序",讨论习惯、传统,最后强调了普通法。

普通法是什么?在 12 世纪、13 世纪时,英国的国王与领主之间进行某种统治权的竞争,而这种竞争主要是司法权的竞争。当时英国王室向各地派巡回法庭(所谓的王室法庭)。这些法庭的法官没有任何法典可依,当时他们做了一件事,到各地后,如果有官司,他们就找当地的 12 个有威望的人来咨询:你们看看这个地到底归谁?以往在这里出现纠纷的时候,到底怎么判?这 12 个人实际上就形成了陪审团,由陪审团告诉巡回法庭应该如何裁决。

与此同时,这些王室法庭的法官,也就了解了当地的习惯和习惯法,并按照这些习惯去裁决这些官司。这些法官每年都会回到伦敦交流,互相介绍不同地区的不同习惯。通过互相交流,从中提炼出所谓的普通法。所以英国普通法体系是从习惯法中提炼出来的,王室法庭也在与领主法庭的竞争中胜出了。

这里有一个最基本的假定:习惯就是好的。他们逐渐形成了某种观念,最后英国大律师、法官爱德华·科克(Edward Coke)提出了"普通法至上"的论述,也就是说普通法的法律原则比立法机关的那些制定法更高,这成了英国非常重要的传统。对于英国而言,习惯其实比所谓的立法机关通过理性思考得出的法律更有效率。英国曾有一个教授说,宪法并不是个人权利的来源,在捍卫自然权利方面,普通法要优于宪法。

七、儒学传统与普通法传统的类似性

我们回头来看儒学。16 世纪、17 世纪时,中国和西方曾经有过这样一种文化交流:当时,欧洲传教士来到中国,将中国的儒家、道家文献翻译后通过信件传到欧洲,掀起了欧洲的中国热。有很多人对当时的情况做了一些记载,比如路易斯·马斐里克(Lewis Maverick)写的《中国:欧洲的楷模》(*China: A Model for Europe*)。外号叫"西方孔子"的法国经济学家弗朗索瓦·魁奈(François Quesnay)认为中国当时的思维更侧重于自然法,更侧重于像哈耶克所说的一种"自发的秩序",而不是思辨科学。在这个时期,斯密与魁奈等重农学派的人交往很多，所以斯密也受到很多影响。我们知道，斯密是经济学的开山鼻祖，其实魁奈和斯密应该是并列的，只是英国人更强调斯密，斯密所开创的经济学传统为哈耶克所继承。这是这两个传统之间的渊源。

再来看中国的情形，中国有一个概念叫"礼"。费孝通说，"礼是社会公认合适的行为规范"。礼就是习惯，中国过去用"礼"来表达习惯的概念，它是自然形成的，而且非常古老，古老到大家不知道是什么时候形成的。还有一个说法叫"圣人制礼"，比如周公制礼作乐。这个过程也是，礼是由众人互动形成的，知识精英、文化精英对"礼"进行思考和提炼，也可以视其为"圣人制礼"，这两者并不矛盾。

在更早期的中国，比如上古时期，当时的人就意识到，由于这样一些"礼"的存在，这个社会变得更有效率也更繁荣了，所以当时中国人做的一件事情，就是把它们记录下来——虽然我们不知道这个习惯背后的逻辑是什么，但我们知道这个习惯是好的。中国儒家早期有大量的这种记载，比如儒家文献"三礼"：《礼记》《仪礼》和《周礼》。《礼记》是一个很有意思的文献，特别繁杂，记录了很多日常的礼，也就是日常习惯。比如，你去别人家，你去的时候那个门如果是开着的，那么你进去以后一定要使门保持开着的状态，反之亦然；再比如，当两个人并排站在一起时，你不要从两个人中间穿过去等。这些"礼"之所以存在，之所以被遵循，是因为大家觉得它们有道理，它们能带来好的结果，人们不知道它们到底为什么好，而最聪明的做法就是把它们都记录下来。

再往后，这些儒家的精英，比如孔子，便开始自己收集和记录这些"礼"。孔子是"少儿好礼"，小时候在与小朋友玩时就模仿大人行礼。长大以后他对这些"礼"进行思考、总结和提炼，从中提炼出"礼"的精神，提炼出道德价值。孔子的提炼达到了极致，即所谓"三无"："无声之乐，气志不违；无体之礼，威仪迟迟；无服之丧，内恕孔悲。"意思是说，没有声音的音乐，但是我能体会其精神；没有外在行为的礼，它表现了威仪；没有穿丧服，我仍然能感到很悲伤。用理性思考"礼"，对其进行价值提炼，努力做到用理性来把握"礼"。后来像《论语》等儒家经典也是在不断思考和提炼这些习惯的过程中成型的，最后形成儒家的道德价值和行为规范。

这些道德价值反过来又可以被应用到更广泛的地方。随着人类社会的不断发展，整个社会体系也愈趋复杂，最初能够解决人和人之间纠纷的习惯、传统，已经不能解决所有问题了，因为有些纠纷，可能双方不能达成一致，这时就需要强制性的裁决，所以就出现了法律。《礼记》说"纷争辨讼，非礼不决"，言下之意是这种强制性的法要出现在人类社会中，但是这种强制性的法依赖什么规则去裁决？还是需要"礼"，即将已经从原始的外在礼仪行为提炼出来的"礼"的原则灌注到法中，便形成了法的原则。儒家有一个非常重要的概念叫"春秋决狱"。汉代时，董仲舒就会依据《春秋》经典的原则去裁决那些法庭中不好裁决的官司。事实上，《尚书》《三礼》《春秋》《论语》和《孟子》等儒家早期经典，都是在对已有记录的习惯进行思考和提炼的基础上，形成的一些道德原则。这些道德原则，其实是一个评判标准，是一个社会的规则，当人们碰到需要用强制手段裁判的时候，就可以援引这些由"礼"提炼出来的道理，这是一个援礼入法的过程，这个过程持续了很长时间，大概到唐代才结束。

总体来讲，援礼入法的过程非常类似于普通法的发展过程。著名法学家梁治平说，传统中国的民事案件的审理，"往往没有明白载于律文的依据……更多是法官的自由裁断。当然，自由裁断并非无所依凭……只是在更多的情况下，他依凭的是礼。"依赖于"礼"和"礼"中包含的道德价值，来维系社会秩序。

"礼"就是习惯，"理"是理性，儒家用理性从"礼"中提炼出道德价值。但是儒家仍然认为这两者还不够，所以还有"天"，"天"就相当于自然法。"礼""理""天"，与前面所讲的"经验""理性"和下文提到的"理性不及"是很对称的概念。

八、对习惯与传统的不同态度带来的不同结果

由习惯和传统决定的那些权利和自由，其实是很可靠的自由，当一个社

会通过否定它们来追求一个更美好的社会时，可能会适得其反。中国社会一直存在的权利和自由，包括土地买卖的自由、自由迁徙的权利、乡村自治和对政治领导人批评的权利，当然这里尤指周汉唐宋时期。以土地制度为例，按照现代经济学标准来看，明清和民国时期的中国土地制度也是一个好的土地制度。土地不仅可以自由买卖，而且可以分层自由买卖，比如永佃制中，"田面权"是可以自由买卖的，甚至无须经"田底权"所有者同意就可以买卖。

而在英国是什么情况？即使在工业革命时期，英国进行土地买卖也是非常困难的，必须将身份与土地一起转让，比如一个农奴把土地卖给另外一个人，那个人不仅获得了土地，还要继承这个农奴的身份。英国工业革命时期，土地买卖的费用相当于3—5年的土地收入，这样的交易非常难进行。但是别忘了，英国率先完成了工业革命。

九、百姓日用即道，满街都是圣人

我们从上述的儒学传统和英式自由主义中学到了什么？应该怎么做？我们一定要清楚地区分两种不同的自由主义，不要一听到自由主义就认为是好的，而要注重经验，恰当使用理性，要知道理性的边界，要知道什么是"理性不及"；要接受普通法思维模式和"礼"的思维模式，抛弃建构主义的宏大叙事以及能创建出一个美好社会的想法，其实这种想法往往存在着巨大的问题；要相信历史与制度是在众多普通人的日常互动中逐渐演化的微小的改进，是从中提炼的有价值的规则。所谓学习普通法传统，第一要相信习惯；第二要相信普通人，相信普通人对经验的感觉是有价值的。

类似的话孔子也说过："先进于礼乐，野人也。后进于礼乐，君子也。如用之，则吾从先进。""野人"指的是普通老百姓，"礼"是普通老百姓长期互动形成的，这就是"先进于礼乐，野人也"。"后进于礼乐，君子也"，意思是，这些君子看到普通老百姓外在的"礼"的行为，就收集、记录下来，进行思考、总结和提炼，形成了礼的原则。"如用之，则吾从先进"，言下之意是，具体要用的话，还是学那些老百姓在日常互动中形成的经验和习惯吧，也即我们要更相信普通人。

"百姓日用即道，满街都是圣人"，说这话的人是王阳明的弟子王艮。此人学问不大，但是悟性极高。有一天王艮从外面回来后非常兴奋地对王阳明说：老师，我发现了一个道理，老百姓日常的行为、日常的互动、日常所遵循的习惯，就是道。这些老百姓通过互动，形成了规则，形成了道，并遵循它，这不就像圣人一样吗？当然还有一点，所有这些人心中是有良知的，只是平常被遮蔽了，一旦我们抹掉盖在良知上的灰尘，我们就会发现良知，而致良知的人就是圣人。此之谓，"百姓日用即道，满街都是圣人"。

文明之光

第10章

从茶道看日本

旅日作家

李长声

日本有许多道，如花道、剑道、武士道，但最大的道似乎非茶道莫属。古时候从中国传入茶，又不断把其他从中国拿来的东西往饮茶这件事上添加，茶室建筑、庭园设计、铁器、陶器、漆器、竹器的工艺，书画的悬挂、花草的摆设，以及点心、菜肴等，都为打造其道而日益精致。日本文化几乎就是藉茶道发展起来的。茶道使生活具有艺术性和仪式性。

有人认为日本国民性谜似的不可懂，我不认为日本国民性是谜或者似谜。以平常心看它，不要给它戴上光环，或者面纱，或者画上鬼脸，那么它也是可懂的。古时候中国人制造了海上有仙山的神话，现代美国人制造了日本第一的神话，我们的抗日神剧给它画上了各种各样的鬼脸，因而要看懂日本，必须先拨开云雾，扒去画皮。从茶道就能看出一些日本的国民性。当然，日本人及其文化也总爱故弄玄虚。

我将茶道的内容分为三方面：一是指导思想，茶道的指导思想是禅，禅宗思想；二是基本原则，茶道的基本原则是反中国文化；三是发展目标，其发展目标是建立日本审美。

一、何谓茶道

（一）茶从中国传入日本

谈茶道，先要谈一谈茶从中国传入日本。中国早就喝茶了。日本作家吉川英治有一本小说，书名原文是三个汉字："三国志"。他把中国小说《三国演义》连译带编出版了日本版的所谓的《三国志》，甚至被日本读者当作他的创作。这个《三国志》开头写刘备"织席编帘卖"，在江边等着商船买茶，这是他母亲的嗜好。那时候的茶是药，不是普通人喝得起的，也就是说刘备是皇族。

茶传入日本，起先也是当药喝的。荣西和尚写了一本《吃茶养生记》，开篇第一句是"茶乃养生之仙药"。1214年，南宋嘉定七年，日本的镰仓幕府第三代将军源实朝喝醉了酒，第二天还打不起精神，也就是宿醉，日本称之为"二日醉"。荣西就给他沏了一碗茶喝，立见功效，权贵群起而效之，饮茶在寺庙之外的上层社会流行开来。这时喝的茶当然是宋代的"抹茶"，即磨成齑粉的绿茶。

茶就是荣西从中国带到日本的。吴自牧的《梦粱录》记录了南宋1241—1274年的世态风俗："盖人家每日不可缺者，柴米油盐酱醋茶。"所以，荣西到了南宋，天天喝茶，喝惯了，又把它带回日本。

荣西从南宋回到日本，在长崎县北的平户上陆一带布教，也把带回来的茶籽种在了福冈和佐贺两县交界的背振山上，那里有一种茶叫荣西茶。

茶籽还被送给了拇尾山高山寺的明惠和尚。这个高山寺在京都，是世界文化遗产。日本有一卷画，是国宝，叫《鸟兽人物戏画》，可以说是日本漫画的滥觞，就收藏在高山寺里。这里种的茶叫拇尾茶。茶籽又被传播到京都府的宇治市一带，那里成为有名的茶产地，产出的茶叫宇治茶。去宇治旅游，卖茶叶的店铺很多，还有宇治茶拉面、宇治茶冰激凌等。拇尾产的茶为"本茶"，其他地方产的茶都叫"非茶"。

现在人们游览京都，往往都会去一个叫花见小路的地方，去那里看艺伎表演，特别是舞伎表演。舞伎身穿艳丽的和服，为伎不满一年的雏儿只涂红下唇，左侧头发上插着假花和流苏，悬想那就是《长恨歌》所歌的"云鬓花颜金步摇"吧。她们系腰带时把两头长长地耷拉在身后，这是江户时代的遗风，看上去可比狐狸拖的尾巴沉重得多。沿小路往前走，走到头，有一座寺庙，叫建仁寺，是荣西创建的。

一般说茶是荣西带回日本的，但其实茶是"二进宫"，早在唐代茶就传入了日本。日本人爱读白居易，他们自诩为世界第一部长篇小说的《源氏物语》，曾写到日常生活中活学活用白居易的诗，当然也知道白居易的那句"商人重利轻别离，前月浮梁买茶去"。日本不是自南宋，而是从唐代就开始喝茶了。

陆羽（733—804）撰写了《茶经》，在他去世那年，即804年，日本又派遣使团来唐，里面有最澄和空海，这是日本历史上最重要的一次遣唐。特别是空海，回国之前在中国越州待了四个月，主要学习土木技术和药学。他们带回《茶经》这本书，以及饮茶这件事。这时候，茶基本上被作为药喝，为贵族和僧侣所好。

茶者，南方之嘉木也。很早就有人从大陆之南渡海而来，喝茶也随之被带入日本是再自然不过的事了。若以史料为证，那么，和尚永忠留学大唐三十余年，在陆羽去世第二年，也就是805年归国，越明年，向嵯峨天皇献茶。不过，从别处拿了来未必就会落地生根，尤其是本地不产茶，依赖进口，日本朝廷、寺院的饮茶之风没能刮起来。中国宋朝时，荣西去西天取经，1191年回到日本。翌年源濑朝受封征夷大将军执掌天下，史称镰仓时代，从此天皇靠边站，直至1945年日本在第二次世界大战中战败，在1945年前，日本基本是武士即军人掌权。荣西不仅取回了真经，还带回了茶种，又著有《吃茶养生记》。这次，武士全盘接过禅与茶。他们杀出了激情燃烧的岁月，需要用一种文化清洗战袍的血腥，附庸风雅，借以抗衡京都贵族所延续的王朝文化，将自身贵族化。

（二）茶道是吃吃喝喝

茶道是什么？日本战国到安土桃山时代著名的茶道宗师千利休说过：茶道就是煮水、点茶、喝茶而已，岂有它哉。

不过，看茶道表演，觉得本该唱主角的那种绿绿的粉末状的"抹茶"，倒像是不大被重视的。

只是喝喝茶，难以成道。日本作家川端康成说过：茶道不止于喝茶，如果不加上怀石菜就品不出茶道的意趣。

茶道不单单是吃茶，而是吃吃喝喝，按"饭局""酒局"的中国式说法就是"茶局"。

日本在吃上的讲究大多出自茶道。说茶道是艺术，它首先是饮食艺术。既然是艺术，当然与日常的饮食有所不同，也就是脱俗，不再是日常茶饭事。如何脱俗而雅呢？那就想方设法不把吃喝当吃喝，从物质上升到精神。好吃的味道是看不见的。糕点不仅要好吃，还要好看，本来是吃食，从好看的角度来审美，就超越了吃。相声里的珍珠翡翠白玉汤，落魄的时候吃，可以填饱肚子活下去，一旦拿到殿堂上吃，就别有一番意义了，可惜君臣没吃出忆苦思甜的精神来。

正规的茶道做法是先吃——吃席、吃点心，然后才喝茶。茶道的席叫怀石。怀石本来写作会席，室町时代（1336—1573）作为武家的礼法形成了这种筵席形式，叫"七五三"，就是三道菜：第一道七个菜，第二道五个菜，第三道三个菜，足见其豪华。茶道兴起之初大概是作为筵席的附属，吃吃喝喝。到了室町时代后期，也即战国时代，诸侯争霸，武士们忙于打仗，没时间吃喝，于是一个叫珠光（1423—1502）的和尚开创了草庵茶，兴起了简素之风，会席也被简化为三菜一汤。日语的怀石与会席同音，茶道要与世俗的吃喝划清界限，就改名为怀石。这就有了禅意，原来怀石的出典是禅院的和尚修行，肚子饿就抱一块烤热的石头来缓解。茶会的吃食以少量从简为原则。茶会有七种，中午的茶会赶上饭点，所以与吃最相关。

平常日本人家里待客，必定上茶，并配以点心，这就是来自茶会形式之一的点心茶会。

临济宗有个叫泽庵（1573—1646）的和尚，日本最普遍的腌萝卜"泽庵渍"就是他创造的。他当过大德寺住持，在所著《茶亭记》中批评："当今之人完全以此为招待朋友聊天之媒介，以饮食为快，成为口腹的资助，而且茶室极尽华美，备齐珍器，夸示手巧，嘲笑他人的笨拙，皆非茶道之本义。"

（三）茶道就是请喝茶

吃吃喝喝就要接待、招待、款待。

现在游客去日本旅游，对日本的接待、服务，往往有好感。日本人善于接待，也出自茶道。

随着日本越来越多的地方跟着学种茶，茶的品种多了起来。室町时代（自1338年足利尊氏被封为征夷大将军，至1573年织田信长把十五代将军足利义昭赶出京都）也学宋人玩起了辨别游戏，再变为赌博的斗茶。可以说，禅寺的茶礼和民间的斗茶两者结合形成了茶道。

茶道就是请喝茶，以茶待客，要规定招待的一些原则和方法。

泽庵禅师在《茶亭记》中写道："礼节以敬为本，其用即以和为贵。此乃孔子礼用之词，亦是茶道之心法。公子贵人来坐，则其交淡泊，不阿谀奉承；又或身份比自己低微之人来访，亦以敬相待，毫不怠慢。"

这就是招待的原则与精神。

有一句源于日本茶道的成语："一期一会"，说的就是茶道招待和服务的一种精神。意思是你来做客，可能就这么一次，所以我要尽心竭力地招待。不是那种商业行为，服务好是为了回头客，日本叫"千客万来"。

在日本，茶道有一个用语，写作"侘"，日本读作 wabi，一般解释为闲寂。关于"侘"，铃木大拙讲过，中国某古人写诗，有"林前深雪里，昨夜数枝开"，朋友建议改"数枝"为"一枝"，这个"一枝开"即所谓"侘"的观念。日本文化就是这么从中国文化中"岔"出来的。

茶道，本来叫"茶汤"，后来强调精神性，便叫作"茶道"。《广辞苑》解释：茶道是以茶汤修养精神、探究交际礼法之道。把生理上的渴饮搞成一种形式，去掉其游艺成分，附加精神性，变革为修行，可谓饮茶的三层次，即"知之者不如好之者，好之者不如乐之者"。远看像表演，近看是修行。茶会，也就是招待人喝茶的活动，主人是演员，客人也参与演出，好像日本能乐舞台上伴奏伴唱之众。茶道这个词过于形而上，现今真正搞茶道的茶人还是用茶汤的说法，倒是我们中国人凭自己对汉字的想象远远比日本人更在乎这个"道"字，玄之又玄。

（四）胶囊旅馆与茶室

日本有一种极简的旅馆叫胶囊旅馆。胶囊旅馆的天字第一号是1979年在大阪诞生的，由黑川纪章设计。这位建筑家也是保守派论客，提倡"生命原理"。或因姓中带黑，好黑色，传闻他正是20世纪60年代流行黑的创始人。

胶囊旅馆恐怕也只有日本人想得出，因为他们有茶室。日本人住"兔子窝"也是有茶道精神垫底的。

起初日本人请人来家里喝茶并没有特设的茶室，在广阔的房间里用屏风隔出一个五六叠的地方做活动，叫作围。日语中的叠，有两种读法，训读指草垫子，音读指计数草垫子的量词。房间面积按叠算，叠的大小不统一，京都一带是190.0cm×95.4cm，而江户（今东京）是175.7cm×87.9cm，后者也叫乡下尺寸，京都贵族瞧不起江户武士。武士有权有势了，兴建的豪宅，脱胎于京都贵族的寝殿式房屋，叫作书院式豪宅。所谓书院，本来是禅寺里称呼客厅兼书斋的，由此也可见武士对禅文化的热衷。武士也要很有文化，屋里挂字画、摆花瓶的地方叫床之间。17世纪初定型，现今和式住宅基本上是书院式。在日本旅游，在和式旅馆的房间里用餐，背对床之间的是上座。

在书院式豪宅里请人喝茶，地方起码有六叠，宽敞而豪华。对这种做派，珠光很反感，毅然把茶室缩小为四叠半，叫草庵茶室，这么简素就是侘。珠光与一休和尚在大德寺参禅，喝茶喝出禅味，而一休多才多艺，让珠光在艺术上也开了眼。四叠半构成一丈见方的房间，效仿维摩诘居士所居的方丈之室。维摩诘作为在家菩萨，与大智的文殊菩萨辩论大乘妙理，这个佛经故事是禅寺的常识。维摩诘居室虽小，却广容大众，小小茶室也暗含时间与空间的无限性，亦即精神性。侘的茶室最初叫数寄屋，是对于书院式建筑的反动，追求自由与简素，但现今某些日本旅馆标明数寄屋式，是高档的意思，造价不菲。到了17世纪，侘茶，也就是草庵茶，成为茶汤之道的主流。

四叠半大小的茶室，用狭小的空间来拘束客人与主人的关系，使客人逼视内心。茶室坐落在露地，即通路和庭园，客人经过露地，净手漱口，进入茶室。这就是所谓"市中山居"，追求脱俗、脱离日常生活的境界，使茶道活动更加仪式化、神秘化，甚至"宗教气"。

窃以为茶道之所以有"宗教气"，看其生成史，恐怕首先是禅与茶捆绑着传入日本的缘故。武士登上政治舞台掌权，需要有自己的文化，以抗衡京都的贵族文化，并且把自己修养为贵族，恰好这时候僧侣从中国拿来了禅和茶，他们就统统接过来。统一天下的丰臣秀吉本身就是大茶人，茶道成气候，丰臣秀吉厥功至伟。这其中自有对先进文化的崇媚。

二、茶道与审美

富商绍鸥（1502—1555）是珠光的弟子，把四叠半的茶室加上土墙，用竹椅，进一步追求侘。绍鸥的弟子千利休更追求小，把四四方方的四叠半茶室改为不足二叠。茶道之美起初就与建筑有关。建筑空间不同，对书画、陶器也有了新的评价标准。书画推崇牧谿①，陶器重视朝鲜半岛的粗糙的日常用具。确立这种审美的是千利休。京都里千家的今日庵，是由千利休的孙子千宗旦建造，就是这种小间的代表。不留余白，主人与客人几近促膝，无所不用其极，反倒是过于执迷了。东京的新宿、涩谷等地的小胡同里有非常小的酒馆，三五客人一个挨一个坐，里面的人要出去方便，需要全体起身才能到外边去，大概这就像茶室风情。千宗旦再次归隐时建造的又隐庵是四叠半，这是茶室的普遍形式。更绝的是千利休在大阪看见渔民钻进船的入口，从中

---

① 牧谿，中国南宋时代的禅僧画家，佛名法常，他以其清幽、简净、不假妆饰与写意的风格，在日本获得巨大的声望。——编者注

看出佗，觉得有意思，于是在茶室窗下开个口，也就二尺见方，供茶客出入。书院的茶室可以昂然而入，草庵茶室先得在蹒口前面的踏石上蹲下来，往里探头，便看见正对面的床之间，挂着有禅意的墨迹，"初发心时便成正觉"。钻将进去，"乃见须弥入芥子中"，这就是脱离世俗与日常的美的空间。进过和式房间你就会知道，不宜站立，一切东西是坐下来或跪下来看的。茶室小，器具、颜色等与之搭配，审美标准也必然发生变化。京都妙喜庵有一个粗陋的待庵，四叠半，据说是千利休指导建造的，是国宝。千利休并不把茶当作游艺，主人和客人都要将茶当作宗教性修行。有权有势的人屈膝钻过去，先就得抛开一身的尊贵。

有人说日本文化的特征是缩，从茶室做得那么小、俳句写得那么短来看，像是这么回事；但看看相扑力士被喂得那么肥、佛像建得那么大，却又不是缩，而是扩了。

建筑也好，文学也好，本来是人工的，但面对极尽人工的中国美，日本人自知学不来，干脆来一个反其道而行之，极力反人工，无限地接近非人工，建立另一套审美。不过，这种非人工其实也费尽人工，正如慈禧太后吃的窝窝头已经不是穷老百姓吃的窝窝头。

记得几年前，对日本朋友说起中国人买房子，动辄100多平方米，他露出怀疑的眼光。如今日本人也追求住得宽敞，这是违反茶道精神的。

请人品茶，聚众斗茶，要布置一下环境，挂上画，摆上花，拾掇庭园，洒扫路径，乃至炫富争豪。毕竟茶的产量、品种都有限，不能像中国那样下功夫品，以助谈兴，便掉转眼光看器物。当时的名贵物品是来自中国的舶来品，叫唐物。日本对中国文化的敬畏之心古已有之，拥有了唐物似乎就拥有中国文化所具有的优越感。最被日本人珍视的天目茶碗是中国福建建窑烧制的，留学的日本僧人从中国浙江天目山的佛寺里拿回来，故名天目。

织田信长好茶，强取豪夺地收集唐物，并用来赏赐。师事过绍鸥的武将松永久秀谋反，织田让交出"平蜘蛛"茶釜免罪，松永不献，砸碎了茶釜并与之同归于尽。泷川一益是织田信长麾下的四大天王之一，论功行赏，比起大片的封地，他更为没得到织田的"小茄子"茶罐而丧气。

饮茶渐成风，茶碗却不够用，于是中国日常吃饭的碗、喝水的碗乃至笔洗，杂七杂八都在日本派上了用场。据说千利休喜爱的云鹤茶碗本来是朝鲜用来喝汤药的，德川将军本家传承的天下三茶罐之一"初花肩冲"居然是杨贵妃用来抹头发的香油壶。民间也学权贵凑到一块儿喝茶，用不起唐物就顺手拿日常器物代替。起初看似矫情，甚至有点变态，渐渐地见怪不怪，喝得美滋滋。扯上二尺红头绳，穷人自有穷人的做法和美法，街上流行破牛仔裤，大概就是从破衣烂衫中发现的褴褛美。

珠光和尚1474年前后在大德寺与一休参禅，悟得佛法在茶汤中。"茶意即禅意，不知禅味则不知茶味""茶事，以禅道为宗之事也"，这茶喝起来就有了禅味，茶禅一味。珠光说："茶汤出于禅宗，专事僧之行"，此道第一不好的是心中的我慢、我执。珠光以及绍鸥、千利休一脉三人都曾在大德寺参禅，把禅的思想附会到茶汤里自是顺理成章。大德寺的鼻祖是与南浦绍明参禅修行的宗峰妙超。南浦到宋朝留学，归国带回来茶台子、釜、风炉等一套茶具，还有七部关于茶的书，就藏在大德寺，自然也传承中国茶礼。最表现禅意的是茶室里悬挂的墨迹，禅者所书，据说始于珠光把一休当毕业证书赠与他的宋禅僧圜悟克勤墨迹（国宝，藏在东京国立博物馆）裱褙一番挂上墙。与图画相比，从墨迹读懂禅意也需要一点文学修养。到了千利休，甚至把挂轴推为茶道第一道具，而墨迹是挂轴中的第一。

珠光从俗从众，不再专注于唐物，偏向接待客人的精神，此即茶之道。开始用日本人制作的"和物"，唐物也选用粗糙简陋的东西。能够从中国文化的残次品里发现日本美，也是因尊重唐物，靠唐物的古典美练就美的观照力，得以在看似粗陋的日常器物中选出富有生命力的造型，形成一种新的审美。茶杓也不用银的、象牙或水牛角的，用竹子做。搭个草庵请喝茶，称作草庵茶，这就是"侘茶"。不过，"侘茶"这个词是江户时代才有的。千利休的高徒宗启著的《南方录》强调精神论，所述千利休的观点和喜好是后世茶道的基本，对"侘茶"观念的形成有巨大的影响，被视为茶道的《圣经》，其实此书是江户时代的伪作。珠光主张不完整美，云间月胜过当空一轮月。苏轼吟道，"月有阴晴圆缺，此事古难全"，说不上谁胜过谁，"淡妆浓抹总相宜"，自有一种豁达。把圆视为正常，缺则不正常，赏缺似乎是另一种禅意。

"侘茶"最后由千利休完成，并传承后世。千利休先后侍奉过织田信长和丰臣秀吉两大霸主，某日，朝颜（牵牛花）盛开，千利休邀秀吉到家里开茶会。一统天下的秀吉好大喜功，好茶也胜过戎马倥偬的信长。兴冲冲前来，孰料千利休把庭院里的朝颜统统拔掉了，只在茶室里插了一朵。这就是"侘"之心造成的"侘"之美，或许也含有对拥有天下的嘲讽。秀吉惊叹之余，恐怕也怒不可遏，因为他的审美标准是传统的，让千利休给他打造黄金茶室，举办盛大而辉煌的茶会，借以炫耀权势与富贵，这与"侘茶"是鲜明的对立。乐茶碗有黑赤两种，千利休喜好黑，而丰臣喜好赤。茶室与世隔绝，但千利休其人不甘闲寂，热衷于政治，却又不失独立而顽固的匠人之心，作为秀吉豢养的茶头，敢于在审美上与主子对立，终于惹来杀身之祸。说来日本人赏樱花的云蒸霞蔚，却是与"侘"正相反的，所以也不要用一种审美来看日本人。

继承珠光的绍鸥是商人，追求草棚拴名马的对立美，避免相杀，有一种相乘效果。他创作了狭小的茶室，将草庵茶简化并深化，更注重精神。这个精神就是与豪华相反的简素。不消说，这本来是禅的作风，而且欧阳修也曾就绘画艺术提出"萧条淡泊"之说。绍鸥主张"侘"基于心的本性，不是装。"侘"不是从碗上看出来的，不是从汤里喝出来的，而是心里有"侘"，则无处不"侘"。千利休跟绍鸥学茶，并尊崇珠光，奉他为茶道鼻祖。与千利休学茶20年的豪商山上宗二于1588年记录：唐碗被弃之不顾，当世用起了高丽碗、今烧碗。

脱离唐物，也不免闹出笑话。大阪湾有一个地方叫堺，因与明朝贸易而繁荣，是千利休的家乡。那里立着纳屋助左卫门的铜像，作家城山三郎的长篇小说《黄金日日》就是写他的。纳屋助左卫门是贸易商，1594年从吕宋（今菲律宾）"暴买"50个吕宋壶。除了献给丰臣秀吉，千利休还帮着兜售，诸侯争购。助左卫门因此出了名，被坊间冠以"吕宋"二字。可是，国际"倒爷"不止他一人，人们很快就发现，所谓吕宋壶，原来是当地的夜壶。由此助左卫门大祸临头，把家产都捐给大安寺，外逃柬埔寨。传闻大安寺藏有这种吕宋壶，乃镇寺之宝。

点茶不是沏茶、泡茶，而是用茶杓把抹茶从茶罐舀进茶碗里，倒以热水（汤），再用茶筅像刷锅一样转圈搅。满满点这么一碗，大家轮流啜，叫"吸茶"。与近乎完美的天目碗相比，朝鲜半岛烧制的高丽碗是老百姓日常用来吃饭的，造型不均衡，釉彩浓淡不匀，但个头儿大，大概很适合"吸茶"。

宋元陶瓷已达到高不可攀的地步，所谓学我者死，日本最好的办法就是打破中国的审美秩序，另辟蹊径。这几乎是日本人把中国文化变成日本文化的基本路数。日本造的碗，远不如天目碗细腻光滑，可它沉甸甸的，拿在手里更有感觉。而且中国人使用桌椅，对于习惯在榻榻米上起居的日本人来说，天目或青瓷的唐碗底足有点矮。千利休亲自设计，指导陶工用秀吉建造聚乐第掘出来的土烧陶，这就是乐烧（当时叫今烧），做出了地道的日本抹茶碗，也叫乐茶碗。北大路鲁山人也是像千利休这样动脑不动手的陶艺家。乐茶碗一般用手捏坯，歪歪扭扭，当然不如辘轳转出来的圆，但千利休说它美，大家也跟着说，而且越看越喜欢。

唐代诗僧皎然有一首诗，不止于"三碗搜枯肠，唯有文字五千卷"（唐代诗人卢仝诗），写尽了茶道的精神性："一饮涤昏寐，情思朗爽满天地；再饮清我神，忽如飞雨洒轻尘；三饮便得道，何须苦心破烦恼。"不过，"孰知茶道全尔真，唯有丹丘得如此"，丹丘子是道家高人，陆羽《茶经》也提到过他，颇为神秘。

"侘茶"的审美被独尊，但也有像远州茶那样追求华丽的。重视心的茶和偏重技艺、器物的茶各有所成，后者发展了日本的工艺、饮食等眼见为实的美。"侘"，是一个标新立异的审美角度。丰臣秀吉征讨小田原城，千利休随军，用竹子做了个花瓶，"侘"到了极致，后来被当作名物（有来头、有说道的器物），也贵到极致。反对奢华，本应以"圆虚清静的一心为器"，却造成另一种奢华。简素本身不简素。如今茶道是一种生意，备置一套茶具就得花费不少钱，还要交学费。秉承千利休精神，身边吃饭的器具不就可以搞茶道吗？人们对这种简直像遭罪的传统文化敬而远之，除了爱好者，基本只有日本女性将其当作嫁入好人家的修养而使之苟延着。

千利休被迫切腹之前给大德寺和尚古溪宗陈写了辞世之句：白日青天怒

电走。这就不大有禅味了。

　　日本的美,一是从中国物品的残次品中来的,二是对中国文化加以破坏,也就是所谓的解构吧。中国美讲究对称、完整、和谐,日本对此加以破坏,便造成日本的不完全美、残缺美。完整的时候是美的,如果别具只眼,残缺就可能成为另一种美,例如断臂的维纳斯。完整的维纳斯肯定是很美的,而维纳斯也并非一开始就缺了胳膊的,但断臂之后,人们看来看去也就接受了。

　　珠光、绍鸥、千利休三代茶人主张闲寂简素的风情,对抗以唐物为贵的风潮,但他们并没有打出"侘"的旗号。20世纪二三十年代日本思想家、民艺运动发起人柳宗悦提倡"用之美",即在日常器具中发现美,无以名之,这个"侘"之美的意识才张扬开来。

三、茶道与禅

　　茶是荣西从南宋带回日本的。他不畏艰险地渡海,不是为了去买茶,而是为了去西天取经。荣西自幼学佛法,14岁在京都东北的比睿山落发出家。他觉得日本的佛法有误,决心去中国求学正法,但生逢乱世,日本的遣唐使已断绝300年。终于在1168年4月,荣西27岁,扬帆起航,成功来到中国。他到天台山万年寺学习禅宗,于9月回到日本,带回了天台经卷60卷。后来他又想去印度,礼拜释迦八塔。1187年荣西再次渡海,抵达南宋的都城临安。但没有获准继续西行,于是荣西掉头回日本,却在海上遭遇风暴,漂到浙江省瑞安市。最后荣西干脆不回日本了,到天台山万年寺,拜虚庵怀敞为师,又去天童山景德禅寺学临济禅。4年后荣西终于回到日本。日本和尚取经,不仅带回经卷,还有文化、物产,能带的都带回了。荣西把茶也带回了日本。因为喝茶可以提神,修行时驱除睡魔,在禅寺的程式里已形成茶礼,所以茶大概是作为禅的附属品被带回日本的。所以,茶和禅捆绑着拿来,自然构成了一对,茶禅一味。

　　茶室里最重要的地方是"床之间"。人们哈腰甚至屈膝钻进茶室的入口,迎面是"床之间",那里挂着字或者画。所谓茶道的禅意,主要体现在书画上。

但是画不好懂，所以更重视墨迹，写个"无"什么的，让人使劲儿寻思。

据日本茶道圣典《南坊录》记载，千利休曾说："挂轴是第一的道具。"虽然《南坊录》被认为是伪书，但至少可知那时候已经对挂轴如此重视，而后世将其当作千利休的教义崇奉。

挂轴以禅者的墨迹为第一，墨迹的内容能够比画更明确地表达禅意。所谓墨迹，在茶道中就是指禅僧所书。

临济宗的历史就是禅宗后期的历史，而杨岐派的历史就是临济宗后期的历史。所谓"杨岐灯盏明千古"，在日本的镰仓时代，禅宗二十四派，有二十派出于杨岐派。一休就是杨岐派弟子。圜悟克勤给嗣法弟子虎丘绍隆写了一纸证明，证明他已达到大彻大悟。绍隆的派别在宋元时期与日本临济宗关系最为密切，这纸墨迹流传到一休手里，他又将其送给珠光当作毕业证书。这是最古的墨迹，被茶道珍重，也被当作日本国宝，收藏在东京国立博物馆。

日本有一种咸萝卜，叫泽庵，传说是泽庵和尚在庙里腌制的，他的墨迹也被茶道珍重。吉川英治的小说《宫本武藏》说的剑禅一味，就是这个泽庵和尚教说的，大概有腌萝卜味儿。

不过，如果说禅的教义是超越形态把握精神，那么，茶道正好相反，是借助形态、形式来寄寓精神。茶道并没有使事物单纯化，而是在繁复与程式之中制造出某种精神。

对于日本禅，胡适不以为然，在日记里记下："日本人铃木大拙近年大讲禅，其实越讲越胡（糊）涂！而英美颇有人信从他，故不可不矫正。铃木一流人的大病有二：一是不讲历史；二是不求理解。"日本人为树立并张扬自己的文化，把日本文化弄得玄而又玄，即便看破了，一般也不好说破。

第11章

世纪之交的影像：我看纪实摄影

西安建筑科技大学教授、博士生导师，
陕西省文学艺术界联合会副主席，
陕西省摄影家协会主席
胡武功

我今天之所以讲"世纪之交的影像"，是因为我的摄影实践活动经历了跨世纪。20世纪的前20年和20世纪的后20年，这40年是我作为摄影师的主要阶段。

摄影是一个工具，由这个工具产生了各种不同类型的影像，但我今天只是把摄影局限在纪实摄影范围里。

一、何为纪实摄影

首先，我通过一些实例提出我对纪实摄影概念的理解。

20世纪30年代美国大萧条时期，美国农业安全管理局（Farm Security Administration，FSA）组织了一系列记录当时社会状态的摄影项目，前后历时8年，共拍摄了27万张照片，女摄影师多萝西娅·兰格（Dorothea Lange）的作品《迁徙的母亲》（Migrant Mother）是其中的经典作品之一。后来的研究者回顾这段历史，便将此类作品称为"社会纪实摄影"。

法国著名摄影家亨利·卡蒂埃-布列松（Henri Cartier-Bresson）提出摄影追求的是"决定性的瞬间"。他在中华人民共和国成立前夕拍的那批照片堪称经典，有人称他在"一个决定性的时间来到了一个决定这个国家命运的地方，拍了决定性的照片"。照片反映的是1949年中华人民共和国即将成立时的情景，当时中国正经历钞票贬值，大家在排队疯抢金圆券。

巴西著名纪实摄影家塞巴斯蒂昂·萨尔加多（Sebastião Salgado）最著名的代表作是《淘金工》（Workers），他拍了很多反映苦难的作品，其后来拍摄的《创世记》（Genesis）展示了没有被人类足迹破坏的大自然的景色。

玛格南摄影通讯社（Magnum Photos）的创始人之一、20世纪最著名的战地摄影记者之一罗伯特·卡帕（Robert Capa）在摄影上有一句名言：你拍得不够好是因为你离得不够近。也有人翻译为：你拍得不好是由于你离枪声太远了。他的代表作是《战士之死》（The Falling Soldier）。第二次世界大战诺曼底登陆时，他自愿报名参加了敢死队，跑在队伍的最前面。《诺曼底登陆》（The D-Day Invasion of Normandy）这张照片是他背靠着德国人，面对着自己的战士拍的。他用自己的实际行动证明了他是世界上最好的战地摄影家。电影《拯救大兵瑞恩》（Saving Private Ryan）开始时场景的布置，导演完全参考了这幅照片。卡帕最后死在战场上。

1986年，世界上出现了第一例艾滋病人，当时全世界都非常惊慌，不知道这是什么病，有些人认为它和麻风病一样可怕，不敢接触艾滋病人，只有让他们等死。摄影师阿龙·瑞宁格（Alon Reininger）跟踪拍摄了全世界第一例艾滋病人，在1987年世界新闻摄影比赛（World Press Photo Contest 1987）中获奖。

1988年，杨绍明先生在北京举办改革开放以后中国第一个国际摄影周——"八八国际新闻摄影周"，每个省派两名代表参加这个活动，这也是中国摄影师第一次和世界级新闻摄影师面对面、零距离接触的7天。我有幸参加了这个活动。我所在的小组的指导老师就是瑞宁格。当时我们各地去的摄影师大部分是报社记者，但是有些报社经济条件不好，记者没有好的照相机，有人甚至借了"鱼眼"去拍新闻照片，瑞宁格看到非常生气，说："我下次再见到你们谁拿长焦和广角镜头拍新闻照片,我就把你扔到天安门前的金水河里去。"

瑞宁格等专业摄影师有一个宗旨,就是拍照片最大用35毫米的镜头,一般会用标准镜头,他们觉得这样拍照不会变形,比较接近对象的形象,否则就是夸张。他们并不追求那种所谓的视觉冲击力。

战地摄影师詹姆斯·纳切威(James Nachtwey)在残酷的战争环境里,拍下了令人拍手叫绝的照片。我感受最强烈的是科索沃战争时他所留下的那组照片。2012年济南国际摄影周纳切威也去了,展出了大概10张照片,为数不多但效果非常惊人。越南战争时,他拍下了很多残酷的画面,但是到科索沃战争时,他的观念有所改变。纳切威的照片,让人觉得他仿佛是在拍电影剧照。虽然全是战火纷飞的现场,但他回避了战争残酷的一面,而把人在战争中那种生存的欲望,那种敏捷,那种生命的张力、活力展现了出来。他并不是抱着某一种政治观念去拍的,而主要是拍战争中的人,拍生命怎样存在、怎样瞬间消亡。

阿富汗战争后,纳切威去了非洲,拍了一组极度饥饿的人的照片。我第一次在照片里看到了"皮包骨头"的情景,对这个词有了新的、感性的认识。

这些战地摄影师手中的照相机好比战士手中的步枪,每个人上战场时都抱着必死的信念。有人说他们是为了挣钱,但是我研究了这些人的回忆录之后,认为他们的出发点不仅仅是为了钱,他们的脑子里都有一个信念,都有一个真正的理想(不是乌托邦式的理想),他们有一种正义感。他们的拍摄也有一个共同点,就是拍摄人的命运、遭遇,而不仅仅是事件本身。

在上面介绍的这些照片里,我们看到的是政治、战争、饥荒、疾病、环境,而这些都直接影响着人类的生存和发展。因此我总结出:所谓的纪实摄影,一定是那些以人道主义精神观察并再现人类生存、发展的影像,是再现普通人生存状态、揭示人性、实现人文关怀的影像。也就是说,纪实摄影记录的是那些直接影响人类生存和发展的影像,追求的是一种历史价值。通过再现人的某种生存状况以及人与人、人与环境的关系,表现事件或社会中人的心态,体现摄影家对人和人性理解的程度。

二、纪实摄影中的人文关怀

我之所以在纪实摄影的定义里加了人道主义精神和人文关怀的内容，是因为我看到纪实摄影在现今的异化。现在有一些人开着车，拿着"长枪短炮"，带着秘书、助手，到"老少边穷"地区，专门拍最贫穷的人以博人眼球，用这些作品赚钱，卖知名度，炫耀。这不是人文关怀。

世界摄影大师的作品大多是有名、有姓、有地点的。我认为只有做到真人、真事、真场景这"三真"，作品才有力量。这个力量就体现在人文关怀上。比如中国摄影师解海龙30多年来拍的照片中的人物都是有名有姓的，最有名的就是《大眼睛》——苏明娟。解海龙的一张照片改变了一个人的命运。解海龙拍了这些人物之后不但发表出来，而且利用自己的影响力，因地制宜地给不同的对象提供恰当的支持，所以我认为他实现了纪实摄影的人文关怀。

如果我们不这样理解纪实摄影，而认为只要用照相机随意拍下现实就是纪实摄影，我认为这就进入了误区，仅仅考虑了照相机的记录功能，而没有考虑摄影师的主观因素，对纪实摄影的理解只停留在表面上，没有全面、深刻地理解这个概念。

改革开放40余年，中国摄影界出现了一大批直面现实、正视现实、见证历史、展现人性的纪实摄影家。特别是20世纪80年代到90年代，中国摄影蓬勃发展。以深圳为例，改革开放以来涌现出一大批优秀的纪实摄影家，比如张新民、余海波、秦军校等。这些人不但照片拍得好，而且有一颗善良的、充满人文关怀的心。

张新民的代表作《深圳股潮》，表现的是一位民工排了几天几夜的队，终于轮到他的时候，一个警察说他插队，把他拽了出去，他拿着一把钱，浑身湿透了，流着眼泪，没有任何办法。照片反映了中国第一次恢复股市时深圳的情景。

在数十年的摄影实践中，这些摄影师对国家现实和未来始终充满着正义感和期待。他们始终高度关注民族的心灵和百姓的基本权利；他们始终殚精竭虑地记录着我们赖以生存的自然环境与人文环境；他们不仅是一批有着良好视觉素养的摄影师，还是一批有着革新理念和坚强毅力的探索者。

我们不指望所有摄影师都做探索者，但是一个国家、一个民族必须有探索者，所以我坚信这些探索者和纪实摄影是永存的。

更重要的是21世纪以来，新一代的"80后""90后"的年轻纪实摄影师们不仅继承了20世纪八九十年代中国纪实摄影的精神，而且还开辟了更广阔的领域。他们在逐渐改变着中国摄影传统的面貌，虽然他们的一些作品可能稍显稚嫩，但其中表现出的自我意识却是强烈的。

三、纪实摄影的中西对比

影像的个性化特征非常重要，真正个性化的影像预示着中国纪实摄影更为广阔的前景。上文提到的民族的心灵和百姓的基本权利也很重要，这在我们的摄影中已经体现出来了。

国外的摄影师大多是先进国家的人跑到第三世界去拍照，他们无形中有一种居高临下的优越感。比如布列松、萨尔加多、纳切威等，都是去第三世界拍照。而中国摄影师没这个条件，中国摄影师是自看，看自己，这是一个很大的区别。

还有一个区别是，国外的摄影师在展现人性和生存状态时，会通过一些具体事件，比如非洲灾难、科索沃战争等。中国摄影师不是这样的，中国的纪实摄影是在日常生活中、在老百姓的生存状态中、在风俗习惯中来展现他们特有的人性。

近几年，随着文化艺术环境的变化，摄影出现了一些新的变化，比如观念摄影等这类所谓的当代艺术开始兴起，纪实摄影似乎逐渐式微。但是，一个拥有世界四分之一人口的国家，正处在一个历史性转型的决定性时刻，不能不留下转型的印痕，不能不留下转型的影像文本。我虽然不是号召大家都去做纪实摄影，但是我坚信纪实摄影并没有式微，而是在我们的社会生活中发挥着非常重要的作用。

当我们拿起照相机的时候，可能怀有一种理想主义，要做一个摄影艺术家。但是当我们进入中国社会现实时，会发现艺术对现阶段的中国来说，似乎没有纪实摄影有力量。因为艺术的读者是有限的，而活生生的现实的读者很多。

大众的审美观念往往认为美就是漂亮、好看，其实关于美学的问题也是有争论的，不能单纯用"美"这个字去理解美学这个哲学问题。美不是物质存在，美是看不见、摸不着的，美是一种感受。

纪实摄影的异化已经非常严重了，主要是消费摄影、沙龙摄影——漂亮、构图光鲜，只要把现实中几个人安排起来，形成一个画面就行。见异思迁、随波逐流、附庸前卫、浮躁猎奇、套取名利，这就是消费摄影和沙龙摄影的根源，实际上大部分所谓纪实摄影就是沙龙化的纪实摄影。我认为沙龙现象是很顽强的摄影异化。

四、当代中国纪实摄影师作品中的纪实摄影

深圳著名纪实摄影师余海波的一系列作品记录了深圳发展的历史。比如他的一幅作品记录了当年人们去电话亭打电话的情景。过去几十年，中国人打电话的方式经历了非常大的变化，从最早的手摇电话，变成拨号电话，到街头出现电话亭和磁卡电话，再到后来的"大哥大"、BP（Beeper）机，以及现在的手机。如果把电话的变迁拍下来，是非常了不起的。可是由于电话是大家司空见惯的，所以很少有人拍摄，因此纪实摄影要关注身边的变化。

下面介绍一下我自己的作品。我做过35年省报记者，也有6年部队随军记者的生涯。我深知农村的苦，尤其是甘肃、宁夏的农村。赶上改革开放，联系自己的经历，我意识到，我们这代人在20世纪80年代面对的是生活方式、思维方式、人生观、价值观的重大改变。这是一个传统社会向现代社会转型的时期，摄影将是可靠记录这一史无前例变化的最有力的手段。所以从普通人的现实生活状态切入，着眼于人性的揭示，既是我认知的方式，也是我认知的目的。

我曾经在自己的网络日记上写下了这句话,"美丑无界,真假有限"。我希望读者能从我的照片里看到 20 世纪中国底层人的状态,以及由此展现出的伦理和人性。

所以 20 世纪 80 年代有人给我和我们陕西摄影群体朋友扣了一个"帽子",说我们专门拍"土老破旧"。但实事求是地讲,在我和我的朋友的照片中很难找到穿补丁衣服的人,我们还真是刻意回避了这些东西,认为展示这些伤害了拍摄对象的自尊。我可以理直气壮地说,我们作品的内涵要深刻得多,我们的摄影作品是在展现人性,展现不同地域的人的生命历程,不是在消费"土老破旧"。

我们不要老用实用主义观点,急功近利地做事情,想当摄影家的朋友更应该注意这一点。

我是陕西人,长在西安,但是我认为真正能代表陕西、体现中国文化的其实是陕北。从地理上分析,秦岭以南叫陕南,秦岭以北的渭河平原叫八百里秦川,也叫关中,越过关中向北就叫陕北。陕北有两个东西非常重要,都体现了中华民族的精神:一个是黄河,被称为中华民族的母亲河;另一个是长城,这两个象征性的东西在陕北这块土地上交汇了。同时,陕北恰恰又是众多民族交会的地方,历经了战争、融合,繁衍生息,所以这个地方非常有特点。

我从 20 世纪 80 年代开始,几乎年年都去拍陕北,一直拍到现在。这些作品后来凝结为两本书:一本叫《老榆林》;另一本叫《从秦朝开始》。这两本书全面介绍了陕北的风情、人们的生存状态和习俗,比如,日常劳作、婚丧嫁娶等。

2008 年,我和石宝琇一起策划过一个展览叫"中国民间体育"。我们办的"中国民间体育"展览,宗旨是中国人利用自己的智慧,创造了多种多样的强身健体的体育方式(见图 11.1、图 11.2)。没有奖牌的刺激,没有为一个游戏去锻炼身体,甚至去喝兴奋剂,摧残自己的身体,这是中国民间体育的好处。我将其基本方法概括为:因地制宜,就地取材,强身健体。后来这个展览很成功,在北京、西安、香港、台湾等地循环展出了很长时间。

图11.1 民间体育之"斗鸡"　　　　　图11.2 民间体育之"滑梯"
（胡武功摄于2007年）　　　　　　　（胡武功摄于2007年）

  其中一张我拍的照片反映了民间的"跳山羊"，鞍马是用家里几块破木板钉成的，不但可以玩，而且还培养了孩子的动手能力，且不花一分钱。当时中山大学邓启耀教授组织了12个研究生，写了十余万字的中国民间体育调查报告和文章，我在编《中国民间体育》画册的时候用了很多他们的文章，我觉得这是对中国民间体育文化很好的采集。画册后来在汕头大学出版社出版。

  另一个我拍摄得比较多的地方是西安，西安是我生活了大半辈子的地方，摄影集《四方城》里描绘的就是西安的发展变化，比如，穿喇叭裤、留长头发、跳迪斯科的青年，卖官帽的小贩（见图11.3），卖鸡蛋的妇女，风靡一时的台球厅等。

  其中卖官帽反映了陕西的一个民俗。在陕西，每年春节舅舅要给外甥送灯笼、玩具、吃货，吃货一般是七八个油炸麻花，玩具则大部分选择官帽，这是民间的风俗习惯。

图11.3 陕西民俗"卖官帽"（胡武功摄于1986年）

很多人拍照不知道拍什么，拍雪山，拍草原，不远万里拍喀纳斯湖。这些消遣一下、看一看可以，但我觉得几乎没有什么保存的价值。

但如果拍我们的经历，拍我们的生存过程，既见证了自己的生命历程，同时给自己的孩子和后代留下一些我们中国人是怎么走过来的记录，那么这样可能更有意义。

著名摄影理论家、策展人陈小波老师说过一句很好的话：离你三尺之内有拍不完的题材。我们大家都有生活经历，比如燃料的问题。我们从烧柴火变成烧煤，从拉风箱的有烟煤到烧炉子的无烟煤，后来无烟煤占领城市，我们开始用煤饼、煤球、蜂窝煤，再到煤气罐，最后变成现在的天然气。如果你把这些过程记录下来，那么这就是完整的资料。

摄影师张新民从深圳特区刚成立的时候就来到深圳，在深圳结婚生子。他从孩子出生起，坚持给孩子拍了30年照片，每年都会带着孩子到深圳变化最显著的地标性建筑拍照片。30年以后，两个孩子结婚的时候，他给两个孩子送的最好的礼物就是这样一套照片。

在深圳改革开放30年时，陈小波老师知道了这件事，她就请张新民把稿子图文并茂地写出来。这篇稿子后来在新华社主办的《瞭望》杂志发表，后来全世界几十个国家的报纸都转载了他的照片。张新民的做法完全证明了离你三尺之内有拍不完的题材。

其实我们身边就有很多的题材。比如，你大学的宿舍、你工作了几十年的办公室、你的家庭，都可以是很好的题材。再比如，走红网络的著名摄影家焦波老师拍的照片集《俺爹俺娘》，拍摄对象就是自己的爸妈。

生活为我们提供了很多具有隐喻性和象征性的画面，只不过我们没有注意。所以著名雕塑家奥古斯特·罗丹（Auguste Rodin）说，不是缺少美，而是缺少发现美的眼睛。现实生活给我们提供了丰富而精彩的素材，这些素材的获得建立在决定性、特定性瞬间的基础上，这些瞬间转瞬即逝，我们需要培养擅于观察的眼睛和敏锐捕捉的能力，这是纪实摄影最有生命力的体现，离开了这些就不是纪实摄影了。

我的一个感受是我们在观察生活，进行纪实摄影的时候，需要讲好中国故事。讲故事有两个重要的前提：一个是必须注意情节，没有情节构不成故事；另一个是要有细节，没有细节就缺乏真实。所以很多照片之所以让人不能接受，往往就是因为在细节上穿帮了。我们在进行纪实摄影的时候，要注意让对象按照自己的生命逻辑展现出来情节和细节，摄影师去定格就行了。

比如，我们到一个村子里去给一家人照相，他们从来没照过相，尤其是全家合影。当时正值春节，孩子们都回来了，于是我们就提议给他们照合影。他们隔壁有一个"五保户"，是一位孤寡老人，没儿没女，很羡慕地来看邻居团圆的情节。于是我拍下了这个场景（见图11.4）。

20世纪80年代，我们到农村采风时，发现那里的很多人连乡镇都没有出过。一次在四川广元市剑阁县采风，有一位老人家赶集来理发，他后边梳了一个清朝的辫子，我们跟他谈话时，他问今年是光绪多少年。因为他从来没出过自己居住的大山，不知道中华人民共和国，只知道清朝。

所以说，生活给我们提供了一些非常精彩的瞬间，我们把它记录下来，其实已经超脱了具体的个体意义，融入了价值判断和社会意义。

图11.4　合影（胡武功摄）

类似上述这些情景，只能从百姓生活中发现，再用亲切的、真实的、见证性的形象，把它们记录下来，以使后人看照片的时候可以引发思考。

摄影的发明使其成为人类自我认识的工具。起初，人并不认识自己，没有认识自己的这种意识。有一天突然在下雨的水坑里发现一个影子，第一次看到了自己。后来当我们有了这种意识的时候，就发明了镜子。但是离开了镜子我们又看不见自己，慢慢地我们又发明了绘画。但是绘画经常画不像，比较费时，而且只有少数人可以享受。后来随着社会生产力的发展，在艺术家和科学家等专家的帮助下，我们发明了照相机。终于，我们可以长期地、随时随地地用照相机来记录自己、发现自己，所以摄影的本心就是为了帮助我们认识自己。

本文讲的这些照片的意义其实已经远远超过了照片本身，我们对它注入了对生活、对现实的思考和认识，我们甚至可以从中看到我们的未来，看到我们未来能走到什么地方去。

除了摄影，我还曾经是一个策展人，我策划了中国很有影响力的三大展览：第一个是1988年的《艰巨历程》摄影展；第二个2003年的《中国人本》摄影展；第三个是2001年的《见证——中国纪实摄影20人》摄影展。通过这些展览，我始终阐述一个理念：纪实摄影将随着人类永恒存在。

第12章

镜花水月映楼台：
中国古典文学中的园林

清华大学建筑学院教授、博士生导师
贾珺

  中国古代园林和文学属于两个不同的艺术门类，都取得了极其辉煌的成就。表明看起来两者差别很大：园林里有建筑物，可能还有假山、水池、植物和各种各样充满诗情画意的景观素材组成的真实环境；而文学是用文字描绘出的虚构世界。然而，二者的发展是平行而交织的，存在千丝万缕的联系。

  一方面，古代生活在园林中的人大多文学修养很高，愿意借助文学手段去描绘园林景色及园林生活；另一方面，在古代造园创作中人们也会借用很多类似于文学的手法。

  文学虽然是虚构的，但是古人常把园林作为自己关照或者描绘的对象。园林广泛地存在于各类文学题材中，诗词歌赋、小说、戏剧、散文等中都有大量对园林的描写。这些描写有的贴近事实，有的虽然包含很多主观发挥甚至虚构成分，但却是真实世界的折射。如果把园林本身比作真正的风花雪月，那么古典文学中的园林就是镜中花、水中月。

一、古代园林概况

首先,中国古代有很多不同的建筑类型,如宫殿、寺庙、民居等,其中最具文化气息、最吸引人的就是园林。古人会把绝大部分建筑物看作匠人劳动的成果,将其归为工艺美术范畴,与瓷器、车、衣服看作同一类别的实用物品,因此古代文人士大夫很少关注建筑物,唯有园林例外。古人认为园林是可以与诗词、琴棋书画并列的高雅艺术。大量诗人、画家在创作中也非常关注园林,使得园林在建筑中具有非常特殊的地位,文化气息最为浓厚。

与西方园林的高度理性不同,中国古典园林布局方式非常自由,其最大的特征是以模拟自然为最高宗旨。明朝计成所著的《园冶》一书对园林有"虽由人作,宛自天开"的描述。这句话体现了中国园林最本质的特点。

> 虽由人作,宛自天开。
>
> ——[明]计成《园冶》

(一)古典园林的景致构成元素

之所以说古典园林比其他建筑更有魅力、更有意思,是因为古典园林包含的东西非常丰富,建筑形式最多,包含亭台楼阁、水榭画舫等。

我们看宫殿、民居,主要看房子本身,但是看园林除了看建筑物,还要看很多其他元素,比如假山、水景,各色花草等,这些是构成一座园林的基本元素。

还有一些更细微的元素也是园林不可或缺的,比如匾额、对联,它们可借用文学手法进一步渲染意境。另外,园林里室内的陈设,类似于雕塑或香炉这类小物品,也是构成景观不可或缺的组成部分。

叠假山(叠山)是中国园林非常特殊的手法,中国以外的其他地方很少有叠假山的习惯。而对古人来说,造一个园林,评价它的水平高低,首先不是看亭台楼阁，而是看假山做得好坏，因为叠假山是造园林最难、最能体现匠心的环节。中国古典园林要模拟自然，最能够再现自然风景的就是模仿天然真山的假山。

水景（理水）同样必不可少。对建筑设计师来说，水景设计是讲空间的，空间有高有低、有大有小，有水面的地方在建筑里叫作"负空间"，因为水面是凹下去的，但凡出现水面的地方，都会让人感觉空间比实际要更开阔一些，加大了视觉延伸的余地。古人建造园林时会考虑土方平衡。一般来说，会先挖土做出水池，再把土和石头结合在一起构成假山，形成一凹一凸的土方平衡关系。

植栽也非常重要。古代一些文人几乎足不出户，因此只有在园林里才能体会到春天花红、夏天叶绿、秋天草黄、冬天树叶凋零、枯枝挂雪。古人很多情绪也会和古代园林常见植物相对应，比如梧桐的意象常与古人"伤春悲秋"情绪联系在一起。如今人们对于自然的感悟并不深入，对气候的变化并不敏感，这与生活在钢筋水泥的城市有很大关系，因为人们无法接触很多自然景物。然而对古人而言，这些是他们生活中最丰富、最必不可少的部分。

此外，园林里的陈设也是非常精美的，经常比一般家庭的陈设更考究、更有意思。

图 12.1 分别是叠山、理水、植栽、陈设示例。

除此之外，园林艺术中还有一个手法："借景"，指的是在视力所及范围内，努力把园林之外值得欣赏的风景纳入自己的视觉范围，这种景色不是创造出来的，而是借来的。

说到"借景"，江苏无锡的寄畅园（见图 12.2）是一个典型的例子。这座园林位于惠山脚下，将锡山龙光塔作为其标志性景观纳入视野范围。请看图 12.2，假如没有这座塔，这张照片会逊色很多，正是借助远方塔的身影使空间由近及远更富有层次感。"借景"是园林拓展视觉空间、深化意境特别重要的手段，因为园林无论如何也不能无限扩张，但是可以通过"借景"把园林之外的佛寺、塔、远山，甚至月亮纳入景致中来，把所有自然手段都看作自己完美核心画面的组成部分，这需要非常高明的设计才能达成。

图12.1 叠山、理水、植栽、陈设示例

图12.2 无锡寄畅园

中国古代园林非常有意思，有一句话是"移步换景"。在园林里，人们无法找一个角度只拍一张照片就可以看遍所有的美好，因为古典园林像古代长卷画一样，是可以展开的。只不过展开的过程不是打开画卷，而是通过移动脚步——每走几步就能看到不一样的立体画面，只有在园林中驻足细细品味，才能体会造园者所赋予景物的思想内涵。

对于古典园林来说，建筑、山水等景物本身也许是固定的，但是在不同的季节、不同的时刻和不同的天气，景物会呈现截然不同的画面效果，而其中某一种画面可能又有最佳观赏时点，有时特别需要月亮，有时只有秋天才能看到，这些景致都需细细体会。

对于古人，特别是中上层家庭（有条件的家庭）的人来讲，园林是雅致的栖居空间。他们认为世家有豪华的宅子不算了不起，有传承有序的花园才是最值得羡慕的。所以往往世家败落后留下的废园马上就会有人接洽购买，园林里的古树或造型好的山石都是他们争抢的对象，因为这些是非常宝贵的素材。古人常常把园林看作最好的生活场所，在这里可以更好地感受天地的气息，更多地看到自然界的变化，这种艺术的审美是其他建筑空间所不能替代的。

为了追求诗情画韵的意境，在设计古典园林时，造园者不光强调景色的视觉效果，还希望借助听觉、触觉等，综合体验景观的妙趣。比如苏州的"听雨轩"外种植了芭蕉、竹子，并布有小水塘，下雨的时候不用出门就可以听到外面雨打芭蕉、竹子、池塘的天籁。这些手段可以激发人的想象力，在有限、具体的事物之外获得更广阔的审美空间，这种意境和文学所追求的移觉手法是相通的。

（二）中国古代园林的起源

一般来讲，公认的中国古代园林的起源有两种：一种是"囿"。上古年间部落首领和早期的郡主、贵族会圈一大块地打猎，这些有山、有水、有树林和野生动物的地方被称为"囿"，逐渐变成生产基地（见图12.3）。这些部落首领、郡主们在这里雇人种植农作物，同时在其中玩乐，看风景。"囿"逐渐发展为皇家园林雏形，供少数人享用。当时的园林范围很大，其中人工构筑物比较少，类似现在的国家森林公园。

图12.3　首领和早期郡主、贵族圈地打猎图示例

另一种是"圃"，也就是菜地。老百姓除了有自己的庄稼地以外，很可能在住宅院子里，或者在院子旁边专门开垦一块地种植蔬菜。蔬菜本身包括果树，果木本身的姿态，以及花、果实都具有观赏价值。"圃"最后变成可经营的观赏对象，也就是日后私家园林的雏形。

二、中国古典园林与诗词

（一）古典诗词中的园林

1. 诗歌中的园林

今天看到的最早的关于中国古典园林的文学作品是《诗经》。无论是皇家园林还是私家园林，都可以在《诗经》里寻到踪迹。

> 经始灵台，经之营之。庶民攻之，不日成之。经始勿亟，庶民子来。
>
> 王在灵囿，麀鹿攸伏。麀鹿濯濯，白鸟翯翯。王在灵沼，于牣鱼跃。
>
> ——《诗经·大雅·灵台》

这首诗讲的是周文王（当时是商朝末年的诸侯）建造园林"灵囿"的故事。那时候园林不多，周文王在都城附近修建了一座叫作"灵台"的建筑物，中间有水池叫作"灵沼"。百姓像儿子一样过来帮他建。后人推测这个灵台是昆仑山的象征。这是《诗经》里对皇家园林最早的记录。

关于私家园林，《诗经》也有类似的描述。

> 将仲子兮，无逾我墙，无折我树桑……
> 将仲子兮，无逾我园，无折我树檀……
> ——《诗经·郑风·将仲子》

这首诗非常有趣，是模仿女朋友的口吻写给男朋友将仲子的信。她说男朋友经常在夜里翻墙到她家的院子里跟她约会，这很危险，万一被父亲知道了男朋友会被打死的，所以劝他不要来了。反过来看女孩子家的院子，已经特意种植了桑树等，可以想象，在夕阳西下时逆光下欣赏将如何之美。2000多年前就有这样的园林存在，而且可以通过这样的诗句表达出来，令人惊叹。

《诗经》以降，越来越多的诗人参与到园林当中，比如公认的中国山水诗鼻祖谢灵运。谢灵运是中国历史上最资深的"驴友"，发明了特殊的木屐（登山靴）。他写了很多山水诗，把自己对山水的热爱融入诗歌中。

> 移籍会稽，修营别业，傍山带江，尽幽居之美。
> ——《宋书·谢灵运传》

另外东晋时期还有一个著名的人物陶渊明，做过小官，后来不为五斗米折腰，辞官回到家乡九江一代，隐居田园。他的田园不精致，更像是乡间园舍的升级版，后来很多文人特别青睐这种农舍景观。陶渊明写了大量的田园诗（见《归园田居》和《饮酒二十首》），和谢灵运的山水诗一样，成为后人再现和追求园林的主题。

> 方宅十馀亩，草屋八九间。
> 榆柳荫后檐，桃李罗堂前。
> 暧暧远人村，依依墟里烟。
> 狗吠深巷中，鸡鸣桑树巅。
> ——［东晋］陶渊明《归园田居》节选

陶渊明所有诗里大家最熟悉的两句是"采菊东篱下，悠然见南山。"但其前面还有几句，"结庐在人境，而无车马喧。问君何能尔？心远地自偏。"意思是他是在人员密集的地方做草庐，发现一个重要的道理：园林未必远离人烟，能不能安静不在于位置，而是在于内心，只要内心能平静下来那么就是世外神仙。

> 结庐在人境，而无车马喧。
> 问君何能尔？心远地自偏。
> 采菊东篱下，悠然见南山。
> 山气日夕佳，飞鸟相与还。
> 此中有真意，欲辨已忘言。
> ——［东晋］陶渊明《饮酒二十首》

古代还有很多关于园林的诗，比如杜甫的《丽人行》，描绘的是唐代长安的曲江池。每到农历三月初三，古称"上巳日"，有很多男男女女来曲江池游览，杜甫这首诗描绘的就是当时的景象。

> 三月三日天气新，
> 长安水边多丽人。
> ——［唐］杜甫《丽人行》

唐代华清宫之所以受到关注，得益于白居易的《长恨歌》，因为华清宫里有温泉，当年皇室成员在这里洗浴。

> 春寒赐浴华清池，温泉水滑洗凝脂。
>
> ——［唐］白居易《长恨歌》

唐代很多著名诗人都建造过园林，发表过多篇关于园林的诗。比如白居易在洛阳专门给自己建造园林（洛阳"履道坊"宅园）时，曾提出设计规范：屋宇占三分之一，水占五分之一，竹子占九分之一。

从很多描绘白居易园林景观的诗句中，我们可以感觉到身处其中非常舒适。《池上篇》是其中最著名的一篇，描述白居易的园林是十亩之宅，五亩之园，虽然不是特别大，但是有水一池，有竹千竿。

> 十亩之宅，五亩之园，有水一池，有竹千竿。勿谓土狭，勿谓地偏，足以容膝，足以息肩。有堂有亭，有桥有船，有书有酒，有歌有弦……灵鹊怪石，紫菱白莲，皆吾所好，尽在我前……
>
> ——转引自《旧唐书》

更著名的私人园林是王维修筑的，位于陕西蓝田县的"辋川别业"。这座园林周围峰岭环抱，又有河流像车辐一样萦回汇集，整体地貌形如车轮，因此定名为"辋川"（"辋"就是车轮的意思）。"辋川别业"顺着山谷的地势，一共设有二十景，王维分别为每个景写诗，凑成了可能是迄今为止最短的诗集，称为《辋川集》。

> 空山不见人，但闻人语响。
> 返景入深林，复照青苔上。
>
> ——［唐］王维《辋川集·鹿柴》

王维又是知名画家,他把这些景色画成一个长卷(见图12.4)。同时,王维信佛,他的诗中从来不描绘有多少树、多少房,而是营造出空灵而富有禅意的意境。时隔千年,我们还可以从他的诗歌中想象当年"辋川别业"幽美的意境。

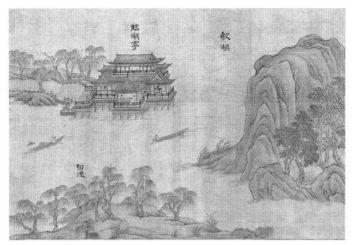

图12.4 王维《辋川图》摹本

北宋后期著名政治家、史学家司马光,仕途遭遇当时中国历史上重大的政治事件——王安石变法。司马光是保守派的领袖,强烈反对变法然而无法扭转局面,所以他向皇帝请辞不再任朝中要职,申请闲职编书,编成的书就是后世著名的《资治通鉴》。

司马光去洛阳编书,购地自行建造了一处园林——"独乐园"。园中包括七景,分别是:读书堂、钓鱼庵、采药圃、种竹斋、见山台、浇花亭、弄水轩。每个景观都和他仰慕的一位古人有关,又和某一种生活方式有关系。比如园林中作为他编书的正式的厅堂建筑名为"读书堂",其典故是汉朝大儒董仲舒读书的地方。又如他在园中的岛上种些竹子,把竹子竹梢捆扎在一起,命名为"钓鱼庵",其典故源于"严子陵钓鱼"的故事。由此可见,园林和古代文学关联非常紧密。

> 吾爱董仲舒，穷经守幽独。
> 所居虽有园，三年不游目。
> 邪说远去耳，圣言饱充腹。
> 发策登汉庭，百家始消伏。
> ——［北宋］司马光《独乐园七咏·读书堂》

2. 词中的园林

除了诗歌，词中同样有大量描绘园林风景的内容。2018年年底一部热播的电视剧《知否？知否？应是绿肥红瘦》，题目出自李清照的《如梦令·昨夜雨疏风骤》，其中"绿肥红瘦"描绘的就是主人公们住的园林景色。

北宋晏殊的词《浣溪沙》中的"无可奈何花落去，似曾相识燕归来"为人熟知，很多人不知道，这句词后面还有一句："小园香径独徘徊"。类似这样的句子非常多，诗词是最能够表达园林意境的文学方式。

> 无可奈何花落去，似曾相识燕归来。小园香径独徘徊。
> ——［北宋］晏殊《浣溪沙》

元朝之后，最著名的园林当属今天苏州的狮子林，它曾被誉为"江南第一名园"。历史上很多名人为此园写文作画，清朝时还有人专门编了两厚本咏园诗文集。

狮子林最大的特点是有很多竹林，而且石峰林立，状如狮子。在佛学中狮子是一种神兽，佛为人中狮子，狮子座为佛之坐处，泛指高僧座席，而林即禅寺。因此，狮子林本身就有禅意。元代高僧、园林家惟则的《狮子林即景》说"人道我居城市里"，虽然狮子林是在城市中比较核心的位置，但是"我疑身在万山中"。园林是闹中取静，尽管万山是人工造的，并非真正的山，但是依然可以感觉到隐居在万山之中的清幽。

> 人道我居城市里,我疑身在万山中。
>
> ——［元］惟则《狮子林即景》

说到园林诗不能不提乾隆皇帝,因为古往今来最爱写诗的皇帝非他莫属。有人统计过乾隆皇帝一辈子写过4万首诗,相当于全唐诗的总量。但是他绝大部分诗的质量不高,很多句子不通,且陈词滥调极多。

在乾隆皇帝的诗中有一大半是描绘皇家园林的。皇帝不是住紫禁城吗?为什么写园林?实际上,清朝很多皇帝大部分时间不住在紫禁城,而是住在北京西北郊的园林中。

从"都城烟火多,紫禁围红墙"这句诗中,我们可以体会到紫禁城这样的建筑空间用来举行仪式很恰当,可以体现国家的尊严,但是住起来却并不舒服,因此乾隆皇帝说:"固皆足致炎,未若园居良",道出了清代帝王心声:宫里再辉煌也不如住在园子里舒服。

> 都城烟火多,紫禁围红墙。
> 固皆足致炎,未若园居良。
>
> ——［清］乾隆皇帝 御制诗

(二)园林表达诗词意境

诗词可以表达园林的意境,古代诗人也经常把园林作为创作的主题,比如前面提到的拙政园的"听雨轩"(见图12.5),意境来自李商隐的名句"留得枯荷听雨声":翠竹、芭蕉、荷花均是借听雨声最好的琴键。下雨时雨打翠竹、雨打芭蕉可以听雨;不下雨时见到枯荷也会联想到"雨声"。通过视觉和听觉不同的侧重点,把一首诗的意境表现出来,这是非常高明和微妙的创作手法。

图12.5 拙政园听雨轩

> 竹坞无尘水槛清，相思迢递隔重城。
> 秋阴不散霜飞晚，留得枯荷听雨声。
> ——［唐］李商隐《宿骆氏亭寄怀崔雍崔衮》

再如苏轼在《点绛唇·闲倚胡床》中描绘的"闲倚胡床，庾公楼外峰千朵。与谁同坐。明月清风我。"的意境，古人更多把自己当作大自然过客，把清风、明月看作朋友，这与李白的"举杯邀明月，对影成三人"的意境很相似。

> 闲倚胡床，庾公楼外峰千朵。与谁同坐。明月清风我。
> 别乘一来，有唱应须和。还知么。自从添个。风月平分破。
> ——［宋］苏轼的《点绛唇·闲倚胡床》

苏州拙政园用园林艺术再现了这一场景，修筑了"与谁同坐轩"（见图12.6）。古人联想月亮的景观一定是近水的，因为"近水楼台先得月"，最好的赏月方式是天上有月亮，水中有月亮。整个建筑从屋顶、窗户、天花板到桌子全部是扇子的形象，让人联想起风，营造一种微妙的感觉。这些山水景观本身并不重要，重要的是这里有三个主人：我、清风和明月。这是一种非常超脱的意境。

图12.6　苏州拙政园"与谁同坐轩"

三、古文中园林的描写

（一）赋中的园林

古文中也有大量对园林的描写。首先是赋，赋在汉朝特别盛行，其中有很多读起来很有气势的生僻字。很多著名的汉赋都是描写园林的，比如汉代辞赋家司马相如的《子虚赋》被汉武帝大加赞赏，邀请他同游上林苑，司马相如便又写了姊妹篇《上林赋》。此外，枚乘的《梁王菟园赋》，也是描绘园林风光的。

到南北朝，赋成为非常流行的文学体裁。比如当时著名的文学家庾信，命运非常坎坷，本是南朝大臣，作为使者出访北朝却遭到扣压。在南朝陪着皇帝访问当时的皇家园林"华林园"，观赏大型骑马射箭活动时，写了《马射赋》。

> 落花与芝盖齐飞，杨柳共春旗一色。
>
> ——［南北朝］庾信《马射赋》

还值得一提的名篇是王羲之的《兰亭序》。虽然文章本身描绘的不算是标准意义上的园林，更像是一个风景区，位于今天浙江绍兴的会稽山。在古代，兰亭是一个类似驿站的邮亭，周边风景非常优美，本是供送信人休息用的，而后高官相约兰亭举行仪式——"曲水流觞"，即到水边洗浴辟邪，后来变成踏青活动。"曲水流觞"逐渐在园林中推广开来：酒杯飘在水里，飘到谁面前谁就喝一杯酒，作一首诗。当时一群人聚会时写了不少诗，汇成诗集就变成《兰亭序》。

后人修筑园林会不约而同地把《兰亭序》的场景作为一个最佳范本再现：一定会建一座亭子，一定要有"曲水"，旁边一定要有假山和竹子，把"茂林修竹""曲水"等几个元素结合在一起，这也是文学反过来对园林有非常深远影响的例子。

> 此地有崇山峻岭，茂林修竹，又有清流激湍，映带左右，引以为流觞曲水。
>
> ——［东晋］王羲之《兰亭序》

此外，陶渊明的《桃花源记》对园林意境也有极其重要的影响。文中描绘的地方风景迷人，村落里的人为了避秦朝战乱来到此地，并且已多年与世隔绝。后世人往往将陶渊明文章中的桃花源作为真实场景再现出来。

比如，圆明园中有一景叫"武陵春色"，其核心景观是一个假山环抱的小村子，最特别的地方是，皇帝不是从陆地走，而是完全模仿《桃花源记》中的路径，坐船沿着两岸桃花的溪流慢慢划到洞口，再舍船爬过去，这个洞有8米深，整个路径把《桃花源记》里所有的景观完美展现了一次。

（二）园记中的园林

中国古代还有一种特别的散文：园记。无论是皇帝、大臣，还是文学家都愿意写这种文章。比如唐代白居易的《草堂记》、李德裕的《平泉山居草木记》，宋代赵佶的《艮岳记》、苏舜钦的《沧浪亭记》、李格非的《洛阳名园记》、司马光的《独乐园记》，以及明代文徵明的《王氏拙政园记》和清代袁枚的《随园记》。园记数量极其庞大，可以成为独立的文学散文类别。这些文章包含了作者的审美和感受，对园林有更真实的记录。

> 前竹后水，水之阳又竹，无穷极。澄川翠干，光影会合于轩户之间，尤与风月为相宜。予时榜小舟，幅巾以往，至则洒然忘其归。觞而浩歌，踞而仰啸，野老不至，鱼鸟共乐。
>
> ——[宋]苏舜钦《沧浪亭记》

（三）富有文学价值的古代园林著作

另外，中国古代有专门的造园理论，这些书写得非常好，兼有文学价值。比如前文提到的明代计成的《园冶》，里面大量文字是用骈文写的，大部分句子都是对偶句，这种题材非常不好写，但读起来朗朗上口。作者很自信，觉得理论著作也可以写得很优美。《园冶》中的"刹宇隐环窗，仿佛片图小李"，即一个环形漏窗，看到佛寺屋顶一角，仿佛唐朝小李将军画的图画；其与后半句是对偶句："岩峦堆劈石，参差半壁大痴"，写得非常工整，因此这些造园理论著作同样也是文学的再创作。

> 刹宇隐环窗，仿佛片图小李；岩峦堆劈石，参差半壁大痴。萧寺可以卜邻，梵音到耳；远峰偏宜借景，秀色堪餐。
>
> ——[明]计成《园冶》

四、园林与戏曲

园林经常是唱戏的地方，不管是皇家园林还是私家园林都会留一些地方专门用来唱戏，比如颐和园今天还保留着三层颐和园大戏楼，分别是福、禄、寿三层（见图12.7）。

图12.7 颐和园大戏楼

之所以保留三层，是因为清朝时，《西游记》和《封神榜》是两个非常受欢迎的戏曲，演出时间达一两个月，而且有大量喷水、喷火等特技，通过三层舞台可以更好地表达特技。

私家园林的戏楼往往是一个小水榭，观台和戏台是隔水的，水可以增加戏场效果，比封闭的戏场更好看。

中国戏曲特别擅长以少代多，用象征性的手法表现空间和人物，比如"杨子荣打虎上山"，从这边到那边翻几个跟头就上去了；"诸葛亮空城计"，带四个人表示千军万马。总结一下，可以说是"三五步走遍天下，七八人百万神兵"。

和舞台剧相似，园林也是以最少的数量达到最多效果："三五树层林气象，七八石千岩万壑"。中国古典园林是一个以风月、山水、亭台为背景的独立舞台，园主的种种栖居游乐行为有明显的自导自演的戏剧化倾向，以风雅的前人为扮演对象,或将古人想象为园中的良朋佳侣,超脱尘世,如梦似幻。

(一)《西厢记》中的园林

我们再看戏曲本身,最著名的戏曲当属《西厢记》(见图12.8),其最早是唐朝元稹写的《莺莺传》。为什么是《西厢记》而不是《东厢记》?因为古人对朝向很敏感,西厢最早是女主人公崔莺莺的住房,住在西厢能看到前半夜升起的月亮,凸显"带月西厢下"这个意境。可以想象一下,月亮升起来,花影、树影投射到西厢房的感觉,所以西厢是对空间很微妙的把握。而且后人的《西厢记》戏曲版本里也把两个人相会的主要场所改在花园中,包括崔莺莺在花园里焚香祭拜,男主角翻墙过来,都以花园作为依托。

图12.8 王叔晖绘《西厢记》

> 待月西厢下,迎风户半开。
> 拂墙花影动,疑是玉人来。
> ——[唐]元稹《莺莺传》

> 花阴重叠香风细,
>
> 庭院深沉淡月明。
>
> ——[元]王实甫《西厢记》

(二)《牡丹亭》中的园林

另外一部与园林有关的戏曲是明代汤显祖的《牡丹亭》。女主人公杜丽娘是南安太守杜宝的女儿,一日她游览南安府衙后花园,因困乏倒头睡着了,在梦中遇到一位青年男子,醒来方知是南柯一梦。后来她寻梦到牡丹亭却未能见到那位男子,相思成疾,忧郁而死。后来那位男子把她的墓挖开,杜丽娘又活过来了。

这其中的核心故事都发生在花园中,剧中对花园景观有非常好的描绘:"不到园林,怎知春色如许"。红楼梦里的林黛玉特别喜欢《西厢记》和《牡丹亭》。"良辰美景奈何天,赏心乐事谁家院",良辰、美景、赏心、乐事,这四者难并存,但是古人认为唯有在园林中人们有机会同时得到这四大美好的事物。

> 有亭台六七座,秋千一两架。绕的流觞曲水,面着太湖山石。
>
> 名花异草,委实华丽。
>
> 画廊金粉半零星,池馆苍苔一片青。
>
> 不到园林,怎知春色如许?
>
> 原来姹紫嫣红开遍,似这般都付与断井颓垣。
>
> 良辰美景奈何天,赏心乐事谁家院。
>
> ——[明]汤显祖《牡丹亭》

作者将故事置于园林中是有特殊原因的。中国古代所有空间都有严谨的中轴线,宫殿、寺庙、民居都是如此,唯一例外的是园林。中国古人大部分是社会人,受到严格社会秩序的制约,园林不仅对男性来说是相对自由和开放的地方，对女性来说也同样是一个相对自由的场所。女性在古代受的束缚远高于男性，她们很多时候不能出家门，唯有到园林中才能稍微摆脱束缚，由社会人转变成更加自由的自然人，这时候她可以哭，可以笑，可以有一些超越规矩的举动。

所以不只男性喜欢园林，女性同样把园林作为最美好的场所。在《牡丹亭》中，女主人公的父母一再强调不能让她进入园林，他们认为女性一进去就会春心荡漾，就会学坏，不守规矩。尽管园林是封闭的，但是挡不住做梦，所以《牡丹亭》可以作为妇女解放、反抗封建压迫的样板。这个故事只能发生在园林中，在别的空间里是无法存在的。

五、园林与小说

园林和小说的关系密切，古典文学名著中或多或少都提到过园林。

（一）《三国演义》中的园林

赤壁之战是《三国演义》中的重要情节，为确保两家联盟，诸葛亮连夜赶去见周瑜。本来周瑜是要跟曹操打的，但他却故意不说真话，这时诸葛亮用激将法，说道：其实既不用打也不用降，有一个更好的办法——把你们江东的两个漂亮姑娘大乔和小乔送给曹操。诸葛亮说曹操在他的封地邺城建了一个大型园林铜雀台，铜雀台落成的时候他的三儿子曹植在《铜雀台赋》中提到"揽二乔于东南兮，乐朝夕之与共。"

> 揽二乔于东南兮，乐朝夕之与共。
> ——［魏晋］曹植《铜雀台赋》

实际上，诸葛亮骗了周瑜，因为铜雀台是打完仗后才修建的，当时诸葛亮所说的铜雀台完全是杜撰的；即便有这两句，二"乔"也是通假字，是"桥梁"的"桥"，原指东南的两座废桥。但是铜雀台确实存在过，是三国时期最宏伟的大型园林，后人想象的铜雀台大致是这样的景象。

> 建高殿之嵯峨兮，浮双阙乎太清。立冲天之华观兮，连飞阁乎西城。临漳川之长流兮，望园果之滋荣。
>
> ——［魏晋］曹植《登台赋》

（二）《西游记》中的园林描写

《西游记》中有多处描写园林，比如唐僧师徒路过的宝象国、乌鸡国和天竺国等国家的御花园。《西游记》作者吴承恩对园林的描写并无太多新意，主要因为吴承恩本人并没有见过御花园。虽然园林景观变成文学之后固然需要想象，但一个没见过真实场景的人描写起来难免会显得空洞。因此《西游记》对御花园的描绘基本就是"姹紫嫣红"。比如第九十四回《四僧宴乐御花园——怪空怀情欲喜》中，这样描写天竺国第御花园：

> 径铺彩石，槛凿雕栏。径铺彩石，径边石畔长奇葩；槛凿雕栏，槛外栏中生异卉。天桃迷翡翠，嫩柳闪黄鹂。步觉幽香来袖满，行沾清味上衣多。凤台龙沼，竹阁松轩。凤台之上，吹箫引凤来仪；龙沼之间，养鱼化龙而去。竹阁有诗，费尽推敲裁白雪；松轩文集，考成珠玉注青编。假山拳石翠，曲水碧波深。牡丹亭，蔷薇架，迭锦铺绒；茉藜槛，海棠畦，堆霞砌玉。芍药异香，蜀葵奇艳。白梨红杏斗芳菲，紫蕙金萱争烂熳。丽春花、木笔花、杜鹃花，天天灼灼；含笑花、凤仙花、玉簪花，战战巍巍。一处处红透胭脂润，一丛丛芳浓锦绣围。更喜东风回暖日，满园娇媚逗光辉。
>
> ——［明］吴承恩《西游记》

(三)《红楼梦》中描绘的园林

四大名著中对园林描写得最好的当数《红楼梦》。《红楼梦》描绘的是一座大观园,尽管只是大臣的园林,但是此园林却保存了"天上人间诸景备"的景观。

关于大观园的蓝本有许多说法,如南京江宁织造署花园、南京随园、南京明故宫、天津水西庄、北京恭王府花园、礼王园、圆明园,各有证据,成为"红学"一大热点。这些地点似乎都与大观园有相似的地方,而它们恰恰证明大观园不是以某一座具体园林为原型的,而是借鉴了各地景观特色拼凑而成的。无论《红楼梦》的作者是否为曹雪芹,这位作者都见多识广,将很多园林元素融合纳入大观园中。因此尽管大观园本身是虚构的,但是表露出的所有细节,反映了当时清朝真实的园林景象。

1. 建园过程

大观园的建造过程非常复杂且范围很大。《红楼梦》书中透露了一个很重要的信息,那就是古代园林是经过专业设计的。

> 东边一带,借着东府里花园起,转至北边,一共丈量准了,三里半大,可以盖造省亲别院了。已经传人画图样去了,明日就得。
>
> 原先盖这园子,就有一张细致图样,虽是匠人描的,那地步方向是不错的。
>
> ——[清]曹雪芹《红楼梦》

清代有一个皇家设计机构叫"样式房",长期由雷姓家族执掌,所以又叫"样式雷"。《红楼梦》中贾家的贾惜春会画画,薛宝钗给她出主意说当年盖这个院子时有一个图样,虽然是匠人描的,但是那地步方向是不错的,进行园林绘画的时候可以拿它作为样板,这足以证明古代造园是有设计的。

2. 分工合作

修建园林的过程特别复杂,从《红楼梦》中的描绘便可见端倪。贾家境况非常像上市公司，贾母是董事长，两个儿子是执行董事，下面是各个部门的总经理，他们各有分工，哪个环节可以吃回扣，哪个环节一定要买好的东西，逻辑关系很清晰。所以要盖的这个院子是一个系统工程，可以作为地产开发样板。

3. 造园大师

大观园的设计者虽然没有正式出场，且称他为山子野，《红楼梦》中两次提到山子野。山子野难道是姓"山"，名"子野"的人吗？不是。"野"是这个人的别号，"山"指假山。所谓"山子某"是古人对造园家特定的称呼。古时，专门有姓张的家族长期造园林，后人称其为山子张。明代就有落款"某年某月某日山子某造"。如前所述，修建园林最难的环节不是盖房子或者栽花种草，而是造假山。因此，人们称造园的设计师为山子某，是最尊贵的称谓，山子野就是造园林的艺术家。

> 全亏一个老明公号山子野者，一一筹画起造。
>
> 凡堆山凿池，起楼竖阁，种竹栽花，一应点景等事，又有山子野制度。
>
> ——［清］曹雪芹《红楼梦》

4. 匾额题名

大观园里所有建筑都有非常精妙的匾额和众多对联。匾额和对联是古典园林里借用文学的手法营造意境的常见方式。大部分古典园林修建好后，主人会邀请有文化的朋友共同来欣赏、商讨，拟出恰当的名字，再请书法家写匾额。可以说，最后的题名是画龙点睛。《红楼梦》里提到"偌大景致，若干亭榭，无字标题，也觉寥落无趣，任是花柳山水，也断不能生色"。

当时众多门客去观赏，到某座桥上为一个亭子起名字。古往今来，最有名的亭子是"醉翁亭"，因为欧阳修写过《醉翁亭记》，其中有一句"有庭翼然"，就有门客提出"翼然亭"。但这个名字并没有特色，因为很多亭子都可以描述为"翼然"。这个时候又有人发现下面有水流过，由《醉翁亭记》想到另外一句话"有瀑布泻于两侧之间",然后就提到"泻玉"。贾宝玉认为"泻"这个字不雅,这个地方有树又有花香,所以"沁芳"二字比较妙。然后大家纷纷鼓掌说好(见图12.9)。从这个过程,我们可以体会起名字并不简单,要与文化、典故结合在一起,同时还要看是否贴切。

图12.9 《红楼梦》匾额题名

> 偌大景致,若干亭榭,无字标题,也觉寥落无趣,任是花柳山水,也断不能生色。
>
> ——[清]曹雪芹《红楼梦》

5. 大观园里几处经典景致

(1)怡红快绿

《红楼梦》里有几处很经典的景致。比如宝玉住的是"怡红院",最初"怡红院"的匾额上写的是"怡红快绿","红"是因为里面种了海棠花,"绿"是因为里面种了芭蕉,"红绿"是这里最重要的景致(见图12.10)。"怡红院"是很典型的北方园林,北方园林往往喜欢对称地放两个东西,它们可以相同也可以不同,可以是海棠也可以是芭蕉,通过这个办法来点缀景致。

> 院中点衬几块山石，一边种着数本芭蕉；那一边乃是一棵西府海棠，其势若伞，丝垂翠缕，葩吐丹砂。
>
> ——［清］曹雪芹《红楼梦》

图12.10　《红楼梦》怡红快绿

（2）潇湘篁影

黛玉住的是"潇湘馆"。"潇湘"指的是湖南，"潇湘馆"被认为是整个大观园里最清幽的地方，有大片的竹子，黛玉由此得了一个笔名叫"潇湘妃子"。竹子之所以会和潇湘妃子联系在一起，是因为有一种竹子叫湘妃竹，而且雨打竹子具有特别雅致的意境，黛玉最具有文人情怀，也因此最有资格、最适合住"潇湘馆"。

> 我心里想着潇湘馆好，爱那几竿竹子隐着一道曲栏，比别处更觉幽静。
>
> ——［清］曹雪芹《红楼梦》

（3）蘅芜香草

宝钗住的地方是"蘅芜院"。"蘅芜院"里有一大堆假山，院子里不种任何竹或花，只有各种各样的香草，非常特别。大家还有一个错觉，认为黛玉是所有女孩里最素雅的一个，但其实宝钗才是，她几乎很少穿花的衣服。宝钗的卧房也如雪洞一般，什么都没有，颇有今天极简主义的风格。宝钗其实非常有个性，胸有城府，行色不露。

> 迎面突出插天的大玲珑山石来，四面群绕各式石块，竟把里面所有房屋悉皆遮住，而且一株花木也无，只见许多异草：或有牵藤的，或有引蔓的，或垂山巅，或穿石隙，甚至垂檐绕柱，萦砌盘阶，或如翠带飘飘，或如金绳盘屈，或实若丹砂，或花如金桂，味芬气馥，非花香之可比。
>
> ——［清］曹雪芹《红楼梦》

（4）稻香村居

宝玉的嫂子李纨住的"稻香村"是大观园里唯一一处模仿农家景观的地方。实际上，中国古典园林中有大量类似的风光，可能受《桃花源记》的影响，将其看作重要的欣赏对象。如前所述，本来菜圃、果园就属于园林，而且古代社会是农耕社会，古人对农业景观有天然的喜爱之情，诸葛亮、陶渊明等许多隐士都归隐田园，而不是山林。这种模仿农家的景观，有绿色的蔬菜、金色的庄稼，具有很好的视觉效果。

此外，古人还会特别修建一些茅草屋，这可以在古人绘画中看到。很多古人的住宅是以"某某草堂"命名，例如清朝编撰《四库全书》的纪晓岚在北京南城有个"阅微草堂"。这种命名方式广泛见于皇家园林、私家园林，以及权贵的园林，是中国人具有农业情结的典型反映。

"稻香村"不仅仅有农田和茅舍，还有农家的鸡、鸭、鹅，特意营造了田园气氛。所以说，园林更多是人为制造的情怀，在这里人们扮演农民、农妇，体验农家之乐，这也是对生活的多元化补充。

> 转过山怀中,隐隐露出一带黄泥筑就矮墙,墙头皆用稻茎掩护。有几百株杏花,如喷火蒸霞一般。里面数楹茅屋,外面却是桑、榆、槿、柘,各色树稚新条,随其曲折,编就两溜青篱。篱外山坡之下,有一土井,旁有桔槔辘轳之属;下面分畦列亩,佳蔬菜花,一望无际。
>
> ——[清]曹雪芹《红楼梦》

（5）秋爽梧桐

探春是《红楼梦》里所有女孩中性格最爽朗的一个,她所住的地方叫"秋爽斋",三间屋子没有任何隔断,完全打通,表明她不喜欢弯弯绕绕,而且有一棵梧桐,看起来很有气势。

> 探春素喜阔朗,这三间屋子并不曾隔断。当地放着一张花梨大理石大案,案上磊着各种名人法帖,并数十方宝砚,各色笔筒,笔海内插的笔如树林一般。那一边设着斗大的一个汝窑花囊,插着满满的一囊水晶球的白菊。西墙上当中挂着一副米襄阳《烟雨图》,左右挂着一副对联,乃是颜鲁公墨迹,其联云:烟霞闲骨格,泉石野生涯。
>
> ——[清]曹雪芹《红楼梦》

（6）栊翠幽庵

妙玉是大观园中唯一一个跟贾家没有关系的主人,她是个尼姑,住在"栊翠庵"(见图12.11)。后人推测大观园的原型,南方人认为不可能在北方,因为北方梅花不能露天栽种,也就是《红楼梦》里描绘的"栊翠庵"中梅花应雪开放的景象在北方看不到,北方种梅花只能盆栽,冬天需要移到暖窖才能存活。广东地区也见不到,因为韶关以南很少下雪。因此《红楼梦》是故意颠倒南北、颠倒时代的小说,不拘泥于时空,作者完全可以将任何地方的梅花"搬过来"。

> 栊翠庵中有十数株红梅如胭脂一般，映着雪色，分外显得精神，好不有趣！
>
> ——［清］曹雪芹《红楼梦》

图12.11　《红楼梦》栊翠幽庵

除了上述这些风光之外，大观园里还有许多游乐活动。它们完全可以印证古代封建社会的各种园林生活场景，如坐船、唱戏、酒宴等，非常精彩，真实地再现了园林作为诗意化的空间的特殊魅力。

6.《红楼梦》对现实园林的影响

《红楼梦》问世之后流传极广，有很多现实园林被人推断或多或少地从《红楼梦》中寻找了灵感，借鉴了大观园原型。比如，紫禁城的长春宫壁画，作为宫殿建筑在庭院里做了布置。然而后来人们在其中发现一组《红楼梦》壁画，这壁画的景色是与真实风光互相交融的。

另外一个例子是清朝道光年间，北京有座园林叫"半亩园"，园林的主人是一个总督，他母亲是位《红楼梦》爱好者，写了很多关于《红楼梦》的诗。为表孝顺，总督修建园林时特意把《红楼梦》里的两处场景搬来，向小说致敬。《红楼梦》中曾举办过"海棠诗社"，因此园中设有一个"海棠吟社"；另一处种了大片竹林，并题有"潇湘小影"牌坊，致敬林黛玉住的"潇湘馆"。

  小说中描绘的虽然是一个虚拟的世界，但是它与现实的关系比我们想象的更密切。很多时候，文学家更会运用特殊的、敏锐的触觉，体会园林的精髓，并通过诗词、戏曲、小说等展现给世人，流传世界。我们今天欣赏和理解古典园林，一方面可以从园林的角度欣赏景观、分析手法、比例关系、路径等；另一方面园林和琴棋书画、历史都有关系，与文学也同样有着难以割舍的联系，我们可以从丰富的文化角度体会园林之美。

第13章

古典文学名著里，藏着我们所有的人生

北京理工大学教师、专栏作家

刘晓蕾

今天，我要谈三部小说：《水浒传》《金瓶梅》和《红楼梦》。这三部作品里，藏着我们所有的人生。

先跟大家分享我读这几本书的经历吧。

早在12岁，我就翻过《红楼梦》，一周的时间哗哗地翻完，12岁能懂什么呢？也就是为了能向小伙伴炫耀一下。等读了大学，正儿八经地读了一遍《红楼梦》，也没什么太深刻的感受。后来去南京大学读中国现当代文学博士，快毕业了，突然对《红楼梦》特别有兴趣。再后来，我去北京理工大学教书，开了一门选修课叫"红楼梦漫谈"（后改名为"红楼梦导读"）。

阅读《水浒传》的经历倒没什么特别，我对它的兴趣完全来自《金瓶梅》，读过《金瓶梅》后，又回头去读《水浒传》的。

我是10年前开始读《金瓶梅》的，一读就惊为天书。接下来有两年的时间，我深陷《金瓶梅》的漩涡。

突然有一天，我明白了：《红楼梦》和《金瓶梅》实在是各有各的好，它们其实代表了文明的不同阶段。从文明演进的角度看，这两本书都不可替代。只有一本《金瓶梅》，或只有一本《红楼梦》，都挺遗憾的。

在《红楼梦》和《金瓶梅》谁更好这个问题上，我与很多"金迷"不一

样。哈佛大学的田晓菲教授在她的《秋水堂论金瓶梅》里表示：读过《金瓶梅》后，《红楼梦》便显得有点太浪漫、太言情了，宝玉和黛玉谈恋爱很"小布尔乔亚"，就像一个肥皂剧，满足了青少年对爱情的幻想。我很喜欢田晓菲的这本书，但这个观点，我不赞同。

另外高晓松在《晓说》节目里，也认为《金瓶梅》更好，因为它写得更真实，有真实的生活和真实的人生，而《红楼梦》太理想化了，在这一点上他和田晓菲的观点相似。

我曾专门写了一篇文章——《〈金瓶梅〉和〈红楼梦〉谁更伟大》来反驳他，在《腾讯·大家》发表过，也收录在《醉里挑灯看红楼》[①]这本书里了。

我们为什么不能接受两部书都同样伟大呢？《红楼梦》和《金瓶梅》都写了真实的生活，只是这个"真实"，属于"主观真实"：一个是生存世界的真实；另一个是精神世界的真实。《红楼梦》和《金瓶梅》都以各自的方式，抵达了真实。当然，还有《水浒传》，也真实地呈现了某种文化心态。

所以，今天我分享的重点，不是比较哪本书更好、更真实，而是把这三本书看成三个世界：《水浒传》《金瓶梅》和《红楼梦》，这三个世界完全不同，但相互之间又紧密相关。

一、《水浒传》：人性中的一种破坏力

首先我们谈谈《水浒传》。我问过我的学生：你们到底为啥喜欢《水浒传》？有人说喜欢书里大块吃肉、大碗喝酒的豪情；有人说喜欢梁山相濡以沫、抱团取暖的兄弟情谊；还有人说喜欢书里的义薄云天、快意恩仇。

其实《水浒传》有长期被误读的嫌疑，书里有很多黑暗或非理性的东西。

人人都说"逼上梁山"，其实看梁山好汉的来历，有的本来就是土匪、凶手。比如孙二娘和张青，他们就是开黑店的，杀过路的客人做成人肉馒头。梁山好汉大部分是社会边缘人物，偷偷摸摸都是小事，很多人都背着人命案子。

---

① 刘晓蕾.醉里挑灯看红楼[M].上海：生活·读书·新知三联书店，2019.

晁盖等人劫生辰纲，虽然劫的是不义之财，但这件事也没必要被赞美，因为他们只是肥了自己，个人利益最大化而已，根本不能上升到正义。还有宋江，他本来在体制内工作，却又私放晁盖。宋江是《水浒传》中最复杂的人，他内心藏着一个深不可测的江湖。

一百单八将里，有些人是被"骗"上梁山的。比如秦明，他本来是青州的武官，被梁山惦记上了。为了断秦明的归路，逼他入伙，宋江派人扮成秦明放火烧了青州，知府把秦明一家都杀了，不放他进城。宋江还说：你妻子死了，花荣有个妹妹可以再给你当老婆。书上写秦明见众人如此相敬相爱，就归顺梁山了。这是相敬相爱？太可怕了。

还有美髯公朱仝放走雷横，被刺配到沧州。知县信任他，知县的四岁儿子小衙内喜欢他的胡子，他经常带着小衙内出去玩，结果小衙内被李逵砍成两半。原来宋江和晁盖为了拉朱仝上山，特出此计，断朱仝后路。朱仝有苦无处诉，被迫落草梁山。可怜的小衙内，无辜丧命。

被"骗上"梁山的还有卢俊义。好好的一个财主，因为被梁山惦记上，家破人亡。

这些所谓的好汉，集结梁山后，挂出大旗"替天行道"，他们行了什么道？无非是打劫粮草——打李家庄、扈家庄、祝家庄；报私仇——杀死黄文炳。这些好汉们只相信自己的拳头，没有道理可讲。当然，那个时代本身有问题，法律失效，社会黑暗，但这些人如此暴力和血腥，也一样黑暗。

他们是一群愤怒的人，动辄举刀杀戮。在书里，李逵举起两把板斧一路杀将过去。有一次，李逵为救他的宋江哥哥，就一路杀到江边，无数围观群众因此惨死。他们认为社会对他们不公，就报复社会，他们不尊重生命，视人命如草芥。他们对自己的命都不在乎，这是一群盲目的草莽英雄。

《水浒传》里，普通老百姓是最可怜的。一方面，官府不管他们的死活，甚至各种欺压；另一方面，开黑店的、少华山的、桃花山的，后来还有梁山的，对他们肆意掠夺。

我们还可以想象一下，如果这些人打下东京，当了皇帝，他们建立的社会会更好吗？

接下来我要讲《水浒传》里的一个人，这个人和《金瓶梅》也有关系，就是武松。

很多人都认为武松是个大英雄。《水浒传》里有武松打虎、杀嫂报仇、醉打蒋门神，以及把张都监一家灭口四件事。

先说第三件事——醉打蒋门神。武松打虎后，英名远播，杀嫂报仇后，他被发配到平安寨的监狱里。施恩是牢头，好酒好菜地招待他。武松江湖经验很丰富，知道对方肯定有事相求。果然，施恩说，他开了一家快活林（大概类似于现在的KTV），经营得非常好，后来却被蒋门神夺走了。武松就把蒋门神给打跑了，帮他夺回了快活林。

如果蒋门神好酒好肉招待武松，武松会不会也替蒋门神出头？武松根本不是在除暴安良，也不是在替天行道、伸张正义。如果非要说有正义，那也只是他个人的正义。

再说第四件事——武松杀死了张都监一家十五口。蒋门神、张都监、张团练是一伙的，都想要杀武松，如果武松不反杀，就性命不保。但武松杀了这三个人之后，并没收手，而是一口气杀了十五个人，有七个是女性。见人就杀，杀一个也是杀，杀一百个也是杀，这就是越界，是滥杀无辜了。

《水浒传》写武松杀着杀着，忽然发现，怎么刀砍不下去了？那是一个有月亮的晚上，武松对着月光一看，原来杀人太多，刀都卷刃了，于是换了一把刀继续杀。最后，他在墙壁上用死者的鲜血写下：杀人者打虎武松也。

这说明在武松的潜意识里，没把这些人当人，而是当成老虎等动物了。

什么是英雄？英雄应该尊重生命，做正义的事，做符合普遍正义的事。武松充其量只是一个打手，有江湖义气。

《水浒传》里的社会，法律失效、人心暴戾，普通人生存艰难。所谓梁山，只相信暴力，经常滥杀无辜。他们的反抗是非理性的，没有更高价值支撑的。那是一个混乱的社会，他们怒气冲天，拳头所向往往是普通百姓。《水浒传》代表了我们人性中的一种破坏力：为破坏而破坏。

《水浒传》里的社会，是一个黑暗的、不正常的社会。

二、《金瓶梅》：欲望化生存

《水浒传》里的武松，也出现在了《金瓶梅》里。我们待会再说武松，先介绍一下《金瓶梅》，因为大家可能对这本书比较陌生。

《金瓶梅》经常被误认为是"小黄书"，其实它涉及性的文字并不多。这本书严肃、深邃而感人，我读到李瓶儿之死的时候，真的是潸然泪下。

《金瓶梅》有两个版本：《金瓶梅词话》（简称"词话本"）和《绣像批评金瓶梅》（简称"绣像本"），我比较偏爱后者。它们之间有区别，简而言之，《金瓶梅词话》比较口语化，保留了很多曲子的原貌，也喜欢进行道德教育，作者会直接跳出来，告诉你："色字头上一把刀"，千万不要学他们。

《绣像批评金瓶梅》第一回是"西门庆热结十兄弟　武二郎冷遇亲哥嫂"，而《金瓶梅词话》第一回依然是武松打虎——"景阳冈武松打虎　潘金莲嫌夫卖风月"。绣像本更有文学的自觉性，知道谁是主角。绣像本比词话本更简洁，删掉了一些重复的文字，也删掉了一些曲子和食物的名称。绣像本作者好像是一个很有文学修养的文人，对词话本进行了润色、删改。

绣像本较少进行道德教育，作者的态度比较客观，更包容，更有慈悲心。至于绣像本和词话本哪个更好，算是见仁见智吧。研究明代中晚期民俗文化的学者，大部分更喜欢词话本。

如何读《金瓶梅》呢？东吴弄珠客给《绣像批评金瓶梅》写过一篇序言，说："读《金瓶梅》而生怜悯心者，菩萨也；生畏惧心者，君子也；生欢喜心者，小人也；生效法心者，禽兽也。"

对于我们来说，阅读《金瓶梅》其实并不容易。因为这本书挑战了我们习以为常的观点。不过，如果你能有足够的耐心，是可以体会作者的慈悲心的。《金瓶梅》里的世界，距离我们现在其实更近。

《金瓶梅》借用了《水浒传》的故事。武大、武松、西门庆、潘金莲，还有王婆、郓哥都是《水浒传》里的，但《金瓶梅》重写了这个故事。武松、潘金莲和西门庆，与《水浒传》里的武松、潘金莲和西门庆不一样，连结局都改了。

在《水浒传》里,西门庆和潘金莲是配角,是衬托主角武松的。潘金莲一出场就被贴上了"淫妇"的标签,最后武松杀她,是复仇,是英雄所为。可是,潘金莲也是一个人啊,她也不是天生的淫妇。张大户打她的主意,她不愿意,还告诉了张大户的老婆,但后来嫁给武大后,却开始"偷汉子",这种变化很没有说服力。

如果站在潘金莲的立场来写这个故事,一定不一样。

《水浒传》的作者对女性充满偏见,漂亮女人都是"淫妇",都该杀。正面的女性形象又非常男性化,比如顾大嫂和孙二娘,长得丑也就罢了,还动不动就杀人。扈三娘倒是很好看,可是却被宋江嫁给了梁山上最猥琐的男人——矮脚王英。为什么宋江偏偏把扈三娘嫁给王英?为什么张大户把潘金莲嫁给了武大郎,这是什么心态?仿佛有点我得不到你就毁了你的狠劲。

《水浒传》里,西门庆也是面具化的,是为富不仁的地主恶霸,欺男霸女,最后被杀理所当然。

但我们知道,在现实生活中,哪里会有这么痛快的复仇。所以,在《金瓶梅》里,武松没杀死西门庆,西门庆跳窗逃走了,武松因杀错了人而进了监狱。潘金莲因为已经嫁给了西门庆,武松当时也没杀掉她。就这样,在《金瓶梅》里,潘金莲多活了7年,西门庆多活了6年。

那些在《水浒传》里被杀死、被砍死的普通人,在《金瓶梅》里也活了下来,而且做起了小生意,活得有滋有味。

这要归功于当时的商业活动。

商业社会的出现,当然是一个文明的进步。如果一个社会没有正常的、合理的经济活动,人们手里没钱,就谈不上什么人格独立,这样的社会也不可能有丰富的精神文化空间。那么,这些人是怎么做生意的呢?接下来,我们谈谈《金瓶梅》里的商业活动。

在《金瓶梅》里,全民皆商,大家都做起了买卖,没有一个人是种地的。

《水浒传》里郓哥也挎着篮子卖雪梨,但作者不关心他如何谋生,关注的是英雄好汉的打打杀杀。在《金瓶梅》里,人人都是生意人。有走街串巷的货郎、有磨镜子的、有理发的、有卖米的……西门庆是大老板，开了很多铺子，生药铺、当铺、绸缎铺、绒线铺，也雇了很多伙计，解决了很多人的就业。

待会再说西门庆，先说说书里的小生意人。

比如媒婆。王婆就是媒婆，她还开了茶水店，除了做媒，还拉皮条，啥挣钱就做啥，胆子很大。这个人很厉害，她撺掇潘金莲去毒死武大，连吃砒霜什么反应都知道，这不由得让我们浮想联翩，王婆是个什么人？都干过啥？

《金瓶梅》里，每个人都携带着丰富的秘密，都很复杂。

除了媒婆，还有算命先生。在四十六回的元宵节，吴月娘、孟玉楼和李瓶儿在门口遇到一个占卜的婆子。这次算卦令我印象深刻，因为占卜的婆子对李瓶儿说：奶奶，你尽一匹红罗，可惜尺头短了点。红罗就是红色的罗缎、绸缎，这句话的意思是：你这么好看，也很幸福，可惜短命。李瓶儿27岁就去世了，她的死也是整个《金瓶梅》里最令人震撼的情节。

后来，西门庆死后，清明节孟玉楼给西门庆上坟，被李衙内看见，一眼就爱上了她。当时李衙内31岁，孟玉楼已经37岁了，那个时候的37岁相当于现在的40多岁。李衙内请了陶妈妈去说媒，孟玉楼这边也有一个媒人，是薛嫂。

这俩媒婆很有意思，一看孟玉楼的生辰八字，发现年龄有点大，怕李衙内嫌弃，于是她们问一个摆摊的算命先生：先生，你看看这个生辰八字合不合适？算命先生算了一番，嗯，不错。俩媒人就说了：就怕女方年龄大了，不太合适，求先生改小点。算命先生说：34岁比较合适，也吉利。最后大笔一挥，把孟玉楼的年龄改成34岁，一共花了三分银子。

媒婆爱撒谎，这次倒做了一件好事，成全了孟玉楼和李衙内，他们成了整个《金瓶梅》中结局最好的一对。

《金瓶梅》里，处处是这种小算盘。每个人为了赚钱、为了幸福生活绞尽脑汁。第五十八回中有一个磨镜子的老头，磨完镜子不走，哭穷，说自己的儿子不争气，害得妈妈气病了，躺在炕上起不来，一心要吃点腊肉。孟玉楼心软，让人拿腊肉给他；潘金莲没钱，拿出小米给他。磨镜老头拿着走了。

小厮平安告诉她们：你们被骗了，他老婆是个媒婆，昨天还在大街上走呢。潘金莲怪他不早说，小厮又说：算了，也是他的造化。

一开始读《金瓶梅》的时候，我总觉得这些小人物太卑琐了，太没有底线了。但读得多了，越来越心平气和，这些小人物为了谋生，耍点小聪明也没啥，没到伤天害理的程度。比起《水浒传》里动不动就杀人的"英雄"，他们又能坏到哪里呢？

《金瓶梅》告诉我们：其实没必要动不动就举起道德批判的大旗。

书里还有一个来旺老婆，叫宋蕙莲，来旺是西门庆的伙计。西门庆勾搭上了她，她一下子变阔了，穿得招摇起来，人也飘了起来。有了点钱就开始炫耀型消费，让别人拦住货郎，不是买花翠，就是买瓜子，虚荣得很，也肤浅得很。

但正是这个宋蕙莲，后来自杀了，因为西门庆要害来旺，她不愿意。

怎么能说清一个人到底是善还是恶呢？《金瓶梅》会告诉我们：人性是复杂的、丰富的，不能用善恶好坏简单区分。人性更多的是灰色地带，而不是黑白分明。如果用道德的标准来看《金瓶梅》，没有一个人是好人。当我们动辄使用道德判断，将会丧失对这个世界更温柔、更柔软、更有弹性的理解。

书中还有一个人，很有意思，就是应伯爵。

应伯爵的祖上也曾经是生意人，后来破落了，就跟着有钱人（比如西门庆），帮嫖贴食，也就是混吃混喝。还有其他几个人，一起与西门庆拜了把子，他们其实是抬轿子的。

一个富人身边如果没有应伯爵这样的人，幸福感会大打折扣。比如西门庆当官后，别人送来几盆菊花，应伯爵一见便说：哇，哥，这个花盆很好的，很值钱的。一般人买不到的！西门庆的幸福感，一下子就上来了。

西门庆很喜欢应伯爵，有好吃的都留给他。有一次，他给了应伯爵一些糟鲥鱼，应伯爵说自己如何把鲥鱼精心分成几份，一份给了女儿，一份留着待客，香得不得了。西门庆怎么会不开心呢？

不过，很多评论者都骂应伯爵游手好闲，是寄生虫。如果换一个角度来看应伯爵，就不会这么气愤了。《金瓶梅》是一个商业社会，城市生活，商业社会孕育新职业、新角色，而应伯爵承担着许多新职业、新角色。

他首先是心理治疗师。李瓶儿死后，西门庆不吃不喝，很痛苦，大家都去劝他，但谁劝他，他就骂谁、踹谁。这时候他的小厮说：我去请应二，他来了肯定就没事了。

应伯爵来了，说了一席话："哥，你这话就不是了。我这嫂子与你是那样夫妻，热突突死了，怎的不心疼？争奈你偌大家事，又居着前程，这一家大小，泰山也似靠着你。你若有好歹，怎么了得！就是这些嫂子，都没主儿。常言：一在三在，一亡三亡。哥，你聪明伶俐人，何消兄弟每说？就是嫂子他青春年少，你疼不过，越不过他的情，成了服，令僧道念几卷经，大发送，葬埋在坟里，哥的心也尽了，也是嫂子一场的事，再还要怎样的？哥，你且把心放开。"

西门庆听了，果然茅塞顿开，去喝茶吃饭了。应伯爵真的是心理治疗师，帮西门庆渡过了心理难关。

其次，应伯爵还充当了中介和经纪人。

吴典恩求应伯爵向西门庆借钱，借100两给了应伯爵10两好处费；湖州客人何官儿卖丝线，西门庆出了450两，何官儿得420两，应伯爵拿了30两回扣；李智、黄四跟西门庆借贷，应伯爵牵线，得5两介绍费……除了这些，应伯爵还介绍韩道国、贲四、甘出身给西门庆当伙计。

都说应伯爵靠西门庆生活，其实西门庆也离不开应伯爵。应伯爵捞好处，西门庆肯定知道。应伯爵做的，正是我们熟悉的中介服务，他其实是一个职业经纪人，得点报酬理所应当。在商业社会，口才好、头脑灵活、认识的人多，都是资本。

应伯爵是一个非常有趣的人。读《金瓶梅》，每次读到他我都会笑。《绣像批评金瓶梅》的第一回写得非常好，叫"西门庆热结十兄弟　武二郎冷遇亲哥嫂"。这天，应伯爵又来到西门庆家里串门。西门庆问道："你吃了饭不曾？"伯爵不好说不曾吃，因说道："哥，你试猜。"西门庆道："你敢是吃了？"伯爵掩口道："这等猜不着。"西门庆笑道："怪狗才，不吃便说不曾吃，有这等张致的！"一面叫小厮："看饭来，咱与二叔吃。"

应伯爵还告诉西门庆，那个老虎被一个叫武松的打死了，外面现在可热闹了，咱不如到那边酒楼上，边吃边看热闹。然后两个人手拉手去酒楼喝酒看热闹去了。

西门庆这次有点恶作剧，在饭点上，还问应伯爵吃了没，这是明知故问。应伯爵偏偏很机智，又想蹭吃的，但又不想太卑微太直接，他也有一个帮闲的自我修养，结果通过自己的方式化解了尴尬。就这样，他还赚到一顿大餐。

好，咱们正好说说武松。应伯爵与西门庆两个人在酒楼上，看武松骑着马来了："雄躯凛凛，七尺以上身材；阔面棱棱，二十四五年纪。双目直竖，远望处犹如两点明星；两手握来，近觑时好似一双铁碓。脚尖飞起，深山虎豹失精魂；拳手落时，穷谷熊罴皆丧魄。头戴着一顶万字头巾，上簪两朵银花；身穿着一领血腥衲袄，披着一方红锦。"

"一领血腥衲袄，披着一方红锦"，感觉血腥气扑面而来。

《水浒传》里的武松来到《金瓶梅》的世界里，还是那个威风凛凛的英雄武松吗？

在《金瓶梅》这样人情味十足、处处人间烟火气的世界里，武松成了一个"钢铁直男"，显得格外冷酷、无情。

《水浒传》和《金瓶梅》里，都有潘金莲雪夜撩武松的情节，情形都差不多，但在《金瓶梅》里，你会读出不同的感受。

在《水浒传》里，潘金莲是一个不折不扣的坏女人。但在《金瓶梅》里，潘金莲是一个正常的女人，一个非常美丽、聪慧，有自己的心思和欲望的女性。她这么漂亮，却被张大户嫁给了武大，身不由己。嫁给武大后，她不甘心，我们也为她感到惋惜，《金瓶梅》的作者说："自古佳人才子相配着的少，买金偏撞不着卖金的"。他也为她可惜。

这就是人性视角带来的改变。当我们把潘金莲当成一个不甘心的女人、一个正常的人来看时，对武松的感觉就不一样了。

潘金莲第一次见到武松，就动了心，热情邀请武松回家住，武松见到嫂子很妖娆，就低下头来，不敢直视。他当天就搬过来了，潘金莲每天做饭烧水，非常贤惠殷勤，武松还送给潘金莲一匹绸缎表示感谢。这使潘金莲产生了错觉，以为武松也喜欢自己。

这个下雪的中午，武松踏雪而归，潘金莲早就准备了酒菜，放在武松屋里，她打算今天就挑明了。

潘金莲邀请武松喝酒，武松说等等哥哥，她说哪里等得他，于是二人开始喝酒聊天。潘金莲打扮得性感撩人，一边殷勤倒酒，一边说："天气寒冷，叔叔饮过成双的盏儿。我听得人说叔叔在县前街上养着个唱的，有这话么？"以如此私人的话题开场，潘金莲是高手。

武松呢？他明白了八九分，只是低头不语。喝了几杯酒，潘金莲还用手捏了一下武松的肩膀："叔叔只穿这些衣裳，不寒冷么？"此时的武松，已有五七分不自在，只管低头用火钳子拨火。潘金莲欲念升腾，看不见他的不耐烦，一把夺走火钳子："叔叔你不会簇火，我与你拨火。只要一似火盆来热便好。"此时，武松已有八九分焦躁，依然沉默不语。

最后潘金莲使出杀手锏，她拿起一杯酒，喝了一半，看着武松说："你若有心，吃我这半盏儿残酒。"武松夺过酒杯，泼在地上，用手一推，差点把潘金莲推倒："武二是个顶天立地嘴齿戴发的男子汉，不是那等败坏风俗伤人伦的猪狗！嫂嫂休要这般不识羞耻，为此等的勾当，倘有风吹草动，我武二眼里认得是嫂嫂，拳头却不认得是嫂嫂！"

这一番话义正词严，说得潘金莲无地自容。

在《水浒传》里，这个情节就是"淫妇勾引小叔不成反受辱"。作者完全站武松一边，这是绝对的英雄视角和男性视角。《金瓶梅》的站位更高，是人性的视角，把潘金莲当成一个人，而不是淫妇，多了同情。在这个场景里，武松显得格外不通人情，甚至有点残忍。

为什么这么说呢？

其实武松一开始就心知肚明，知道潘金莲在打什么主意，所以他会一再低头，内心焦躁。咱们打一个比方，如果你是武松，要拒绝嫂嫂，会怎么做呢？更有人情味的做法，难道不是远离嫂嫂，尽量避免单独相处吗？

然而，武松不是一般人，他从五七分不自在，到八九分焦躁，依然忍得住、坐得稳，好像就是在等潘金莲说出最后的话，覆水难收，于是掀桌子翻脸，给她致命一击。

《金瓶梅》重写武松杀嫂，故事还是那个故事，但视角变了，内涵也变了。

武松当天就搬走了。后来他要出差，临行前召集家庭会议，特意叮嘱哥哥以后早点回家，看好家门，又说嫂嫂要把篱笆扎牢，野狗才钻不进来。于是，便有了武大早早回家，潘金莲早早放帘子，一竿子打到了西门庆。

而西门庆这个人，满口甜言蜜语，风流浮浪，手里摇着一把撒金扇，这个男人，与潘金莲以前遇到的男人完全不同。潘金莲不动心，简直是不可能的。

像西门庆这样的商人，历来都没有什么地位，"士农工商"，"商"的排序是最后的。但在《金瓶梅》里，我们会看见商人从事商业活动，这是社会的进步。作为清河首富、当地最大的企业家，西门庆不仅赚钱养活自己，还养活了很多人，解决了很多人的就业，创造了很多GDP。

与《水浒传》的世界相比，《金瓶梅》好太多了，可以让很多普通人活下去，而且可以活得更好。

讲到这里，我们看到《金瓶梅》的社会比《水浒传》的社会更文明了，这是一种进步。社会相对太平，不再打打杀杀了，百姓可以自足。但是《金瓶梅》也让我们看到了致命的问题。

首先，这个商业社会是没有未来的。制度本身没有任何改变，并没有给商业创造更好的发展空间，连相应的商业法规都没有。商人这个阶层，自身也有问题。比如西门庆的生意主要是低买高卖，从南方运粮食、绸缎和绒线到北方去卖。他的第一桶金来自女人。西门庆最早只有一个生药铺，是一个普通的中产，后来娶了孟玉楼和李瓶儿这两个有钱的寡妇，开了当铺、绒线铺、绸缎铺，才发达起来的。西门庆赚钱的手段没什么技术含量。发达了的西门庆干啥了呢？盖房子、做官、玩弄女性、吃美食，一点政治追求和文化追求都没有。这些商人有了钱，并没有联合一切可以联合的力量，去改变社会，追求制度支持，所以说西门庆这届商人不行。

其次，他一直漂浮在欲望的层面，活得非常表面，非常肤浅，他没有能力去爱，没有能力获得高质量的亲密关系。

我们来看他和潘金莲的关系。一开始西门庆比武松对潘金莲好，每次在王婆家里幽会，看到潘金莲来了就像天上掉下来的一样，非常热情。没多久，他们合伙商议，由潘金莲出面毒死了武大郎。再后来，西门庆有将近三个月没来，他忙着娶孟玉楼，忘了潘金莲。在王婆的一再努力下，西门庆终于拉着他的马来了。潘金莲看到西门庆来了，就像看到天上掉下来的一样：妇人听见他来，就像天上掉下来的一般，连忙出房来迎接。西门庆摇着扇儿进来，带酒半酣，与妇人唱喏。

这个场景很有意思，体现了两性关系的秘密。一般而言，女性比较慢热，比较矜持，男生进入角色更快。过一段时间，女性陷进去了，男性却出离了角色，忙别的事去了。这个细节，真正把握了人性的真实。我常常感慨，兰陵笑笑生是一位多么伟大的作家，他一定是"雌雄同体"的，内心住着一个女人。

潘金莲受苦的日子还在后面呢。西门庆娶了她，不久又梳拢了一个妓女李桂姐，后来又跳墙去跟李瓶儿偷情。

西门庆梳拢了妓女李桂姐，总待在丽春院不回家，西门庆别的妻妾没事，潘金莲却受不了，给他写了一封情书，让小厮带给西门庆。李桂姐看到，假装生气，赌气去床上躺着。为哄她开心，西门庆赶紧把信撕掉，这就是潘金莲一往情深遭遇的回报。

《水浒传》说潘金莲是"淫妇"，但《金瓶梅》让我们看到她不是天生就是淫妇，而是一步步"黑化"的。

接下来，我要跟大家分享《金瓶梅》里最震撼的情节，第六十二回中的李瓶儿之死，从中可以发现《金瓶梅》最严肃、最深邃的生死世界。

李瓶儿是典型的"白富美"，当时她27岁，有钱、白皙、美丽。李瓶儿的身体一直不好，官哥死后，李瓶儿非常痛苦，病得越来越重。但没有人能够看到她的痛苦，也没想到她快不行了。

李瓶儿的病越来越重，重阳节喝酒的时候，她差点一头栽倒，然后躺在床上，再也没起来。这时西门庆才慌了，医生来了一个又一个，都说不好办，找到道士，道士说没救了，娘子已经获罪于天。

道士不让西门庆去病人房间，说血气太重，对他不好。西门庆独自一个坐在书房内，掌着一支蜡烛，心中哀恸，口里只长吁气，寻思道："法官教我休往房里去，我怎生忍得！宁可我死了也罢。须厮守着和他说句话儿。"于是进入房中。

李瓶儿说自己恐怕不行了。西门庆听了，两泪交流，放声大哭道："我的姐姐，你把心来放正着，休要理他。我实指望和你相伴几日，谁知你又抛闪了我去了。宁教我西门庆口眼闭了，倒也没这等割肚牵肠。"那李瓶儿双手搂抱着西门庆脖子，呜呜咽咽悲哭，半日哭不出声……西门庆听了，如刀剜心肝相似，哭道："我的姐姐，你所言我知道，你休挂虑我了。我西门庆那世里绝缘短幸，今世里与你做夫妻不到头。疼杀我也！天杀我也！"

西门庆和李瓶儿都带着一身的罪孽，但这两个人也有如此深情的时刻。在《金瓶梅》作者的笔下，没有好人，没有坏人，只有人。

一个人快要死了，非常渴望别人的温暖，李瓶儿也不例外。但她的老朋友，奶妈冯妈妈忙着给西门庆和王六儿拉皮条，没空来看她。最后冯妈妈终于来了，可是絮絮叨叨说的都是自己。尼姑王姑子也来了，也是忙着控诉另一个尼姑贪钱，没人真正关心这个将要死的人。原来人类的悲欢真的是不能相通的。李瓶儿又难过又孤独，她对这个世界恋恋不舍，又不得不接受这样的结果。

《金瓶梅》不煽情，只是白描，只写她临死前干了啥。

临死前，李瓶儿给身边人都送了礼物，连一直没来看她的干女儿也有一份。冯妈妈拿着钱和衣服哭："你死后我该靠谁啊？"每个人都只想着自己，对于将要死的那个人，并不真的关心。

李瓶儿临死前送礼物，一方面她本来就有钱又大方；另一方面，她也希望别人能够记得她，记得她这个人曾经活过。像动画片《寻梦环游记》（Coco）中提到的，鬼魂如何才算真正死去呢？活着的人都忘记它了，它就真的死了，消失了。

李瓶儿是在无限的孤寂、孤独、痛苦和眷恋之中去世的。

李瓶儿死的时候是三更天，丫鬟迎春和绣春都睡了，忽然迎春梦见李瓶儿从床上下来推了她一把，说："你们看家，我去也。"迎春被惊醒，起来一看，李瓶儿已经死了。

这个死亡的场景，后来《红楼梦》学了去，成了晴雯之死。

在中国的传统文化里，很少正面谈论死亡，因为这样不吉利。死，对我们来说，一直非常可怕、非常恐惧，比如墓园要远离居住区，死人住的地方越远越好。

孔子曰："不知生，焉知死"，好好活着吧，别想那些没用的事。庄子说："视死如归"，他的妻子死了，他"鼓盆而歌"。这种对死亡的态度，是把死亡文学化、抒情化，其实是一种逃避。

虽然我们传统文化不面对死，却又鼓励我们不要怕死，这就很有意思了。

总而言之，在中国传统文化的领域里，死亡很少得到正面关注，也很少有文学作品能把人面对死亡时的孤独和恐惧淋漓尽致地展现出来，这是很遗憾的。幸好我们还有《金瓶梅》，这本书最大的特点是写死亡，而不是写性。官哥之死、李瓶儿之死、西门庆之死、潘金莲之死，都是鲜血淋漓，痛苦万状。

《金瓶梅》真是另类。

李瓶儿死了，她的孤独、她的眷恋我们看见了，我们更看见了活着的人，是如何麻木，对死亡无动于衷。死亡其实是非常严肃的事，每个人都应该重视死亡，一个活着的人或者一个活着的人群如果不能重视死亡，那么他的生命应该也不会太深刻。为什么要重视死？知道了人终有一死，人生是一场有限的单程旅行，就会更好地活着，活得更有勇气和价值，而不在无价值的事情上浪费生命。其实，这就是觉悟、觉解。

不是"不知生，焉知死"，应该是"不知死，焉知生"。

可惜，《金瓶梅》里没一个人能够觉悟，每个人都忙忙碌碌，忙着挣钱，忙着吵架，在欲望的大海里浮沉，根本不能睁眼看见死。李瓶儿死了，西门庆很痛苦，但他没有从爱人的死里面得到任何启示和力量，甚至又把李瓶儿屋里的奶妈拉上床。这不是坏，而是软弱。他无法承受失去爱人的寂寞，于是找别的女人来填补这种空虚。

我们再看西门庆，他缺乏爱的能力，一直停留在欲望的层面上，没有发展亲密关系的能力。其实潘金莲也一样，李瓶儿也一样，《金瓶梅》里的所有人，都没有能力进入更高的精神空间，来反观自己的人生，思考自己从哪里来、我是谁、要到哪里去的问题。

《水浒传》写了一个不正常的社会，而《金瓶梅》展现的是一个正常，但缺乏精神高度的社会。

三、《红楼梦》：无用而美好的时刻

现在，我们要告别《金瓶梅》的世界，来到《红楼梦》这个有精神高度的世界。

我在《醉里挑灯看红楼》的最后一篇写过：《金瓶梅》结束处，《红楼梦》开始，读过《金瓶梅》之后觉得《红楼梦》更好看。

《金瓶梅》体现了非常真实的生存世界，书中所有人，只停留在欲望的层面。作为一个人，我们还应该有精神世界。《红楼梦》比《金瓶梅》晚 100 年左右，曹雪芹向《金瓶梅》学习了很多，从情节、结构到人物性格，都借鉴了《金瓶梅》，但这个学生很厉害，几乎拔地而起了另一座高峰。

如果说《金瓶梅》写的是欲望化生存，是"人怎么可以活成这样"；那么《红楼梦》写的就是精神世界的高贵，是"我们应该能活成这个样子"。

《红楼梦》是一本生命之书。我将《红楼梦》里的人物分成两类：一类是有用之人；另一类是无用之人。

无用之人，就是林黛玉、史湘云、香菱、晴雯这样的，当然还有贾宝玉；有用之人指的是王熙凤、贾探春、薛宝钗等。

先从薛宝钗讲起吧。

关于宝钗，有人很喜欢她，说她很完美，很成功。也有人特别讨厌她，认为她心机重，城府深，处心积虑地要取代黛玉。不是"粉"，就是"黑"，都有点极端。在我看来，宝钗就是一个典型的中国人。

举个例子，比如在第三十八回，史湘云想要做东起诗社，宝钗邀请她来到蘅芜苑住，跟她说："既开社，便要作东。虽然是顽意儿，也要瞻前顾后，又要自己便宜，又要不得罪了人，然后方大家有趣。你家里你又作不得主，

一个月通共那几串钱,你还不够盘缠呢。这会子又干这没要紧的事,你婶子听见了,越发抱怨你了。况且你就都拿出来,做这个东道也是不够。难道为这个家去要不成?还是往这里要呢?"一席话提醒了湘云,倒踌躇起来。

诗社本来就是小众活动,但在宝钗眼里,诗社虽然是娱乐,但也不要得罪人。湘云一听,踌躇起来。

宝钗说出这一番话,自然因为她早就想好怎么办了,她可从来不说不该说的话,做不该做的事。她接下来告诉湘云:"这个我已经有个主意。我们当铺里有个伙计,他家田上出的很好的肥螃蟹,前儿送了几斤来。现在这里的人,从老太太起连上园里的人,有多一半都是爱吃螃蟹的。前日姨娘还说要请老太太在园里赏桂花吃螃蟹,因为有事还没有请呢。你如今且把诗社别提起,只管普通一请。等他们散了,咱们有多少诗作不得的。我和我哥哥说,要几篓极肥极大的螃蟹来,再往铺子里取上几坛好酒,再备上四五桌果碟,岂不又省事又大家热闹了。"

好,于是就有了一个大型的螃蟹宴,最后还写了菊花诗。

老太太一看,准备得很好,很妥当,湘云赶紧说,是宝姐姐张罗的呢。老太太就夸宝钗:这孩子做事周到,果然不错。总之,大家都很开心,多赢。

能看出宝钗是一个什么样的人吗?她是一个典型的中国人啊,喜欢把简单的事情复杂化,做大做强。诗社本来是一个小众活动,"文青"聚会嘛,喝杯清茶聊聊天,然后写诗,海棠社就是这样,哪里需要花钱呢?写诗而已,哪里还要考虑人际关系,不得罪这个不得罪那个呢?

宝钗想得真多、真深,特别会做人,她是人际关系专家,天天串门子,不是已经去串门子了,就是在串门子的路上。王熙凤和贾探春都能做事,但在做人这方面,就不怎么在行,也懒得在这方面用心。

所以呢,谈论宝钗,不是好坏的问题,是思维方式和对世界的理解,是不是与她契合的问题。

宝钗是一个复杂的现实主义者,我把她归为有用之人。

有用之人还有王熙凤和探春。

至于王熙凤,我讲一个故事,大家就能看出王熙凤和宝钗的不同。第二十七回里，宝钗在滴翠亭外，无意中听到两个丫鬟在说闲话，其中提到什么丢了手帕，贾芸捡到了……宝钗一听，就非常警觉，又听出其中一个丫鬟像怡红院的丫头小红，她马上想：这小红是一个眼空心大、头等刁钻古怪的东西，人品很不好，千万不能得罪她。为了甩掉嫌疑，金蝉脱壳，宝钗便假装过来找黛玉。

问题是，薛宝钗与小红并不熟，小红是怡红院最低等的丫头，是一个清洁工，与宝钗没交集，但宝钗立马给她贴了一个"人品很不好"的标签，很简单粗暴。

王熙凤对小红的看法就不一样。同样是在这一回，小红替王熙凤跑腿，做事很利落，嘴巴也很伶俐，王熙凤一下子就看上她了：不错不错，以后跟着我干吧！于是小红就从怡红院最低等的丫头，成了王熙凤的贴身秘书。

如果你是小红，是希望遇到宝钗这样的领导还是遇到王熙凤这样的领导呢？

王熙凤善于发现别人的优点，不拘一格降人才。而且作为一个职业经理人，王熙凤非常有专业精神和专业能力，这也是现代社会最需要的才能。第十四回就写王熙凤是怎样协理宁国府的，她做起事来真是漂亮，举重若轻。心情不好的时候，可以读这一段，非常治愈，会让你觉得人间好值得。

当然，王熙凤有个软肋——她没什么文化。相比之下，探春有文化、有情怀，也有远见、有行动力。探春也是一个实干家，她还在大观园搞过经济改革。有时候王熙凤会被欲望蒙住眼睛，从而影响判断，但探春没这个缺点。

我有时会想，如果王熙凤、探春和小红来到现代社会，开一家公司，探春当董事长，王熙凤当职业经理人，小红当秘书，将会是无敌组合。总之，有用之人里，宝钗擅长做人，王熙凤和探春擅长做事。

下面我们要说说无用之人了。最典型的当然是林黛玉和贾宝玉。他们是大观园里的灵魂人物。宝黛爱情非常纯粹，没有任何肉欲的成分。当然，有人批评这种爱情过于理想，但这里面有一种精神性的东西，如果不排除肉欲，就不足以彰显。

为什么说他们是无用之人呢？你看，晴雯撕扇、湘云醉卧芍药裀，有啥用？宝黛谈恋爱有啥用？还有黛玉葬花，也没用。今天我跟大家分享《红楼梦》里最无用，也最闪亮的一个时刻，即"黛玉葬花宝玉恸倒"。彼时，黛玉在山坡那边，一边葬花，一边唱《葬花吟》，不想宝玉在山坡上听见，先不过点头感叹；次后听到"侬今葬花人笑痴，他年葬侬知是谁"，"一朝春尽红颜老，花落人亡两不知"等句，不觉恸倒山坡之上，怀里兜的落花撒了一地。试想林黛玉的花颜月貌，将来亦到无可寻觅之时，宁不心碎肠断！既黛玉终归无可寻觅之时，推之于他人，如宝钗、香菱、袭人等，亦可到无可寻觅之时矣。宝钗等终归无可寻觅之时，则自己又安在哉？且自身尚不知何在何往，则斯处，斯园，斯花，斯柳，又不知当属谁姓矣！因此一而二，二而三，反复推求了去，真不知此时此际欲为何等蠢物，杳无所知，逃大造，出尘网，使可解释这段悲伤。

在第二十七回的末尾和第二十八回的开始，那天是芒种节，要送别花神，大观园里非常热闹，柳带飘飘，花枝招展，可是黛玉和宝玉这两个人，却一个葬花，一个恸倒，迎面遇到了生死问题。黛玉在哀悼落花，哀悼青春和美好而脆弱的生命，追问"天尽处，何处有香丘？"宝玉想到人终有一死，不禁悲从中来。

年轻的时候读《红楼梦》，没觉得这个场景有多深刻，如今，我觉得我理解了。当年读大学的时候，我的专业是哲学，学习"西方哲学史"课程的时候有些困惑，为什么西方哲学家们，比如苏格拉底和康德，总在思考一些虚无缥缈的话题，例如美德、理性，以及"什么样的人生才值得一过"等。开个玩笑，这真的是吃饱了没事干。

确实，当文化发展到一定的高度，不再为生存和温饱发愁的时候，就是该仰望星空、思考这些问题的时候了，也是思考人和世界的关系、人和社会的关系、人和自我的关系的时候了。

如今再看"黛玉葬花宝玉恸倒"，你是不是有了新的感受？这两个人真的在关心生死哲学的问题。他们想到人终有一死，既然如此，不如好好活着，他们决定要让自己的人生有价值，要爱，要珍惜美好的事物，要写诗，要心灵的自由。所以，黛玉爱上了宝玉，宝玉爱上了黛玉；而宝玉，更是心甘情愿在所有美好的事物面前低下头来，这是他们的人生选择。宝玉的低头，其实就是曹雪芹的低头。这样的低头，是对生命，尤其是对女性的尊重与理解。宝玉是一个非典型中国人，他特别有同理心，对他人的痛苦感同身受，《金瓶梅》里没有一个人有这样的能力。

宝玉是《红楼梦》里最重要、核心的人物。他是一个情僧，能看见女人身上的美与光辉。理解宝玉，就理解了大观园；理解了大观园，就能打开《红楼梦》。

《红楼梦》的故事，其实开始于宇宙洪荒。曹公架空朝代，开篇便是远古神话：女娲补天、大荒山无稽崖青埂峰、西方灵河岸赤瑕宫、太虚幻境……何以如此大费周章？因为他要"重估一切价值"，正如尼采所言：一切事物的权重必将重新得到确定。

因此，故事发生在哪朝哪代不重要，重要的是这个文化时空是全新的。这提醒我们：大观园是陌生的，或许是我们未曾经历的生活；也是熟悉的，或许是我们曾经拥有，却最终失去的世界。

如今，我们要把这个世界召唤回来。在这个世界里，我们可以作诗，从事各种文化活动，在生存之外，构建一个丰富的多元的精神世界。

我们也许不能像宝玉、黛玉那样生活，但不管怎样，我们要在自己的生命里，给大观园留有一席之地，或者仅仅去经历大观园的一瞬间，又或者允许自己拥有宝玉、黛玉式的时刻。

最容易做到的，就是跟宝黛学谈恋爱了。宝玉特别耐心，很会沟通交流，两人有了误会，黛玉不高兴，宝玉总是万种柔情：好妹妹啊好妹妹，你为什么不高兴呢？我哪里做错了？你告诉我好不好？

还是在第二十八回，黛玉因为去怡红院敲门，门不开，怪罪宝玉。"昨儿为什么我去了，你不叫丫头开门？"宝玉诧异道："这话从那里说起？我要是这么样，立刻就死了！"黛玉啐道："大清早起死呀活的，也不忌讳。你说有呢就有，没有就没有，起什么誓呢。"宝玉道："实在没有见你去。就是宝姐姐坐了一坐，就出来了。"黛玉想了一想，笑道："是了。想必是你的丫头们懒得动，丧声歪气的也是有的。"宝玉道："想必是这个缘故。等我回去问了是谁，教训教训他们就好了。"黛玉道:"你的那些姑娘们也该教训教训,只是我论理不该说。今儿得罪了我的事小,倘或明儿宝姑娘来,什么贝姑娘来,也得罪了,事情岂不大了。"说着抿着嘴笑。宝玉听了,又是咬牙,又是笑。

　　林妹妹也很可爱,她不记仇,很好讲道理。宝玉和黛玉的爱情,其实是高质量的亲密关系,这需要两个人相互理解,相互体谅。宝黛爱情是最好、最深情的亲密关系,在精神层面上又能够惺惺相惜。这能启发我们:恋爱时,男人要有耐心,女人不要记仇。好好说话,比什么都好。

　　读《红楼梦》,会让我们对生命、对世界的理解,更温柔、更有弹性、更有同理心,对他人的境遇更能感同身受。

　　最后总结一下,《水浒传》呈现的是一个不正常的社会,英雄好汉们打打杀杀,是一种破坏力。《金瓶梅》写的一个相对正常的社会,活着是生命的权利,也是最大的慈悲。但仅仅活着是不够的,只有一个现实世界是不够的,我们还需要一个诗意的世界,这个诗意的世界就在《红楼梦》里。愿我们每个人都能领略生命的甘甜与美好,拥有一个丰富、独立、自由的精神世界。

编 后 记

2016年3月,由"腾讯·大家"、经济金融网与北京大学汇丰商学院MBA项目联合主办的"耦耕读书会"(以下简称"读书会")开讲。几年来,读书会邀请人文社会科学领域名家大师,带来一场场让人回味无尽的思想盛宴,这些讲座经过精选、沉淀、补充完善,逐渐凝结成读者手头的这本书。

本书总体策划、篇目遴选、框架拟定及整体协调由时任北京大学汇丰商学院公关媒体办公室主任本力负责。绳晓春、叶静、曹明明、都闻心、鞠淋淋、钟龙军、许甲坤、唐小丽、罗一峰、何清颖等参与文稿编校。

感谢本书各章作者不辞辛苦,对稿件进行修订、补充,让本书超越讲座,以新的生命力与广大读者见面。

在"耦耕读书会"举办过程中,"腾讯·大家"的编辑赵琼女士提供了诸多帮助,在此特别感谢。

学院时任MBA办公室主任(现国际办公室主任)毛娜,MBA办公室于嘉然、郭媛媛、周思远,以及公关媒体办公室(经济金融网)本力、曹明明、熊艾华、绳晓春、叶静、谢凤、郭倩、吴晨等都为讲座会务、嘉宾接送、主持、新闻报道等付出了颇多心血。

读书会得以顺利举办,也离不开学院学生助理的大力支持,他们是王蓉、吴坚、王洋、吴奇、郭永振、刘肖扬、葛建梅、王俊怡、黄河、曹松、蔡泽彬、崔璐婷、金一丹、梁欣悦、李昕达、冉昊迪、孙志鹏、吴璐璐、曾惠、尹诗雨、王梓成、张正一、张紫薇、都闻心、丁宁、丁宇等。

本书出版过程中，要特别感谢北京大学出版社总编辑助理兼经管图书事业部主任林君秀女士和本书责任编辑裴蕾女士，从选题策划到文稿编辑到最终出版，她们在每个环节都付出了大量心血。

80多年前，蔡元培老校长谈到科学研究时曾指出，科研问题之研究，"应以其问题自身之重要性，定工作程序之先后，未可泛然浅然，但以立见功效及直接应用等标准约束之。盖若干应用最广、收经济价值最大之技术事业，其所凭借之最初步科学研究，表面上每属于纯粹科学之微细题目。""即至若干科学研究毫无经济价值且永无应用可言者，如不少人文科学之问题，果能以事理之真布之世人，开拓知识之领域，增加对于人文进化之了解，其影响纵属迟缓而间接，其功效有时乃极巨大。"希望本书的出版能为发挥这一功效尽一份绵薄之力。